Bibliografische Information der Deutschen Nationalbibliothek:

Die Deutsche Nationalbibliothek verzeichnet diese Publikation in der Deutschen Nationalbibliografie; detaillierte bibliografische Daten sind im Internet über http://dnb.d-nb.de abrufbar.

Impressum:

Copyright © 2017 Studylab

Ein Imprint der GRIN Verlag, Open Publishing GmbH

Druck und Bindung: Books on Demand GmbH, Norderstedt, Germany

Coverbild: GRIN | Freepik.com | Flaticon.com | ei8htz

Sarah Schöbel

Mundart und „Heimat to go". Dialekt als identitäts- und kulturstiftendes Medium

Inhaltsverzeichnis

1 Einleitung

Gegenstand dieser Arbeit ist der bairische[1] Dialekt. Hierbei spielt jedoch nicht die sprachwissenschaftliche Analyse eine Rolle, sondern dessen kulturelle Relevanz innerhalb der Gesellschaft.

Durch mein Studium in Baden-Württemberg und Bayern bin ich immer wieder mit verschiedenen Dialekten in Berührung gekommen, selbst jedoch, als gebürtige Niedersächsin, weitgehend dialektfrei aufgewachsen. Aus dieser außenstehenden Perspektive sind mir Unterschiede zwischen den verschiedenen Regionen aufgefallen, speziell im Umgang der Menschen mit ihrem Dialekt. Besonders intensiv scheint mir diese Beziehung in Altbayern, weshalb ich mich auch in der Arbeit auf diesen Teil des dialektalen Südens Deutschlands beschränken möchte. Interessant ist für mich dabei nicht nur die Nutzung des Dialekts seitens seiner Sprecher[2] im Alltag, sondern auch dessen Bewertungen durch die Wissenschaft, Medien und „Nicht-Sprecher" aus anderen Regionen Deutschlands. Wie wird der Dialekt von wem bewertet? Welche Assoziationen, Stereotype und Vorurteile sind mit ihm verbunden? Aber auch der soziale Aspekt soll eine Rolle spielen: Machen Dialektsprecher Unterschiede im Umgang mit anderen Dialektsprechern, bzw. solchen, die kein Bairisch sprechen? In welchem Zusammenhang steht der Dialekt also mit sozialer In- und Exklusion? Und inwiefern spielt er eine Rolle für die Identität der Sprecher?

Dabei konzentriere ich mich bis auf einzelne Abschnitte, die zur Einbettung in einen historischen Kontext notwendig sind, vor allem auf die gegenwärtige Dialektsituation in Altbayern. Insgesamt soll so ein umfassendes Bild der aktuellen Nutzung, Bewertung und Bedeutung des bairischen Dialekts innerhalb und außerhalb Bayerns gezeichnet werden.

---

[1] „Bairisch" mit der Schreibweise „ai" ist die sprachwissenschaftliche Bezeichnung des Dialekts, während sich „bayerisch" auf das Bundesland und seine Einwohner bezieht. Diese Unterscheidung möchte ich auch im Laufe der Arbeit beibehalten.

[2] An dieser Stelle möchte ich darauf hinweisen, dass ich mir der Gender-Problematik bewusst bin, aus Gründen der Einfachheit allerdings in der gesamten Arbeit auf die maskuline Form zurückgreifen werde – gemeint sind aber natürlich immer beide Geschlechter.

1.1 Aufbau der Arbeit

In der vorliegenden Arbeit soll zunächst auf den bairischen Dialekt, dessen Definition, sowie seine Geschichte und Verbreitung eingegangen werden. Im Anschluss wird das Thema „Sprache" in den Kontext der volkskundlichen Forschung gestellt, wobei neben der Sprachinselforschung vor allem die Arbeit an Sprachatlanten eine wichtige Rolle spielt. Danach möchte ich auf das Thema Heimat und Identität zu sprechen kommen, das im Verlauf der Arbeit immer wieder auftauchen wird. Was ist eigentlich Heimat? Wie hängt sie mit dem Begriff der Identität zusammen und in welchem Maße sind beide durch den Dialekt beeinflusst? In diesem Zusammenhang soll auch die soziale In- und Exklusion[3] durch die Sprache, bzw. den Dialekt, angesprochen werden. Die folgenden Abschnitte beschäftigen sich intensiver mit dem Dialekt als Bestandteil des kulturellen Lebens, wobei zunächst auf den Aspekt der (Schul-)Bildung eingegangen wird. In diesem Rahmen wird ein Wandel des Ansehens von Mundarten in den verschiedenen Jahrhunderten – oder auch Jahrzehnten – deutlich, eine wichtige Vorgeschichte für das heutige Verständnis und die Bewertung von Dialekten. Dieser gegenwärtige Umgang wird anschließend anhand von sowohl wissenschaftlicher Lektüre als auch aktuellen Lehrplänen der bayerischen Schulen analysiert und mit einer aktuellen, öffentlichen Debatte zum Thema ergänzt. Wichtig erscheint außerdem die Verwendung und Bewertung des bairischen Dialekts durch die Massenmedien, die das Bairische zum Teil in ganz Deutschland verbreiten. Dieser Punkt ist gegliedert in audiovisuelle Medien, Produktwerbung und Geschriebenes und soll neben der Frage, warum sich gerade das jeweilige Medium des Dialekts bedient, vor allem klären, was und in welcher Form der bairische Dialekt jeweils vermittelt. Spätestens bei der Medienanalyse tauchen immer wieder bestimmte Assoziationen mit dem bairischen Dialekt auf, mit denen ich mich im letzten Punkt der Arbeit auseinandersetzen möchte. Den theoretischen Hintergrund hierfür liefert ein Exkurs über Stereotype und deren Entstehung. Welche Stereotype mit dem Bairischen bedient, aufrechterhalten oder widerlegt werden, soll anschließend untersucht werden. Dafür wird – wie auch im Fragebogen – eine Unterteilung in Bayern und Nicht-Bayern vorgenommen, um zwischen den verschiedenen Sichtweisen in den Regionen differenzieren zu können. Was vermittelt der Dialekt in

---

[3] Die Begriffe „Inklusion" und „Exklusion" gehen in den Sozialwissenschaften zurück auf den Soziologen Niklas Luhmann und meinen im Zuge der Systemtheorie den Ein- bzw. Ausschluss von Individuen oder Gruppen in oder aus bestimmten sozialen Systemen.

Bayern daheim und ist er tatsächlich in der Welt zu Hause?[4] Abschließend soll auf eine besondere sprachliche Form der Dialektnutzung eingegangen werden, in der ein Stereotyp konzentriert vorgefunden werden kann: Der Witz als Ausdruck norddeutscher Vorurteile und bayerischen Selbstbewusstseins.

1.2 Methodisches Vorgehen

Das gewählte Thema ist sehr umfassend und tangiert neben der Europäischen Ethnologie u.a. auch die Forschungsfelder der Allgemeinen Sprachwissenschaft, der Soziolinguistik und der Medienwissenschaften. Aus diesem Grund war es von Anfang an wichtig, Einschränkungen zu treffen und nur bestimmte Aspekte dieses Komplexes zu bearbeiten. Daher bot es sich an, weniger auf Standardwerke der jeweiligen Forschungsbereiche zurückzugreifen, als spezielle Literatur zu einzelnen Themenpunkten zu verwenden.

Ergänzend zur Analyse dieser wissenschaftlichen Lektüre wurde im Rahmen der Arbeit ein Online-Fragebogen erstellt. Diese Methode hat den Vorteil, dass sie Menschen verschiedenen Alters, Geschlechts und Berufes in unterschiedlichen Regionen Deutschlands erreicht. Die Art der Fragestellung reicht von Multiple-Choice über Einschätzungs-Fragen mit Likert-Skalen bis hin zu offenen Fragen mit freier Texteingabe. Der Fragebogen besteht in zwei verschiedenen Versionen, wobei eine, im Folgenden „intern" genannt, von Altbayern, also Bewohnern Ober- und Niederbayerns und der Oberpfalz beantwortet werden sollte und die andere, „extern", von allen übrigen. Diese Zweiteilung macht eine differenzierte Bewertung des Dialekts möglich und lässt spezifische Fragen zu. Wenn im Laufe der Arbeit in Bezug auf die Fragebögen von „Bayern" oder „in Bayern" die Rede ist, meint dies immer den internen Fragebogen und bezieht sich somit auf das Gebiet Altbayerns. Daraus ergibt sich, dass in den Begriffen „Nicht-Bayern" oder „außerhalb Bayerns", wiederum in Bezug auf die Umfrage, auch Schwaben und Franken eingeschlossen sind, die ja politisch ebenso zum Freistaat Bayern gehören. Dies ist der Abgrenzung des mittelbairischen Dialektgebiets geschuldet, was in Kapitel 2 noch näher erläutert wird. Beide Fragebögen waren vom 7.12.2011 bis zum 15.01.2012 etwa sechs Wochen lang öffentlich zugänglich, insgesamt haben sich 71 Personen am internen und 98 Personen am externen Fragebogen beteiligt – nicht auswertbare Ergebnisse aufgrund von Abbruch der Befragung oder stark

---

[4] Der Titel der Arbeit „In Bayern daheim. In der Welt zu Hause." ist ein Werbeslogan der Brauerei Erdinger Weißbräu, vgl. Werbespot (TV) Erdinger Weißbräu: TV-Spot mit Franz Beckenbauer, 2008.

lückenhaften Angaben nicht mit eingerechnet. Die Ergebnisse des Fragebogens werden in der Arbeit überwiegend mit Hilfe von Diagrammen veranschaulicht und sollen sowohl Thesen stützen als auch neue Aspekte aufwerfen. Zitiert wird aus dem Fragebogen nach folgendem Schema: Differenzierung intern/extern, [Angabe der Variablen, die jeder Frage zugeordnet ist]. Wird eine Antwort direkt zitiert, enthält die Fußnote außerdem noch Geschlecht, Alter und Herkunftsbundesland oder –regierungsbezirk (für Bayern) der befragten Person[5].

Des Weiteren wird vor allem in den Kapiteln 4 und 5 eine Analyse des öffentlichen Diskurses anhand von Presseartikeln und Fernsehbeiträgen durchgeführt. Dabei wurde darauf geachtet, eine möglichst umfassende Auswahl zu treffen, neben regionalen werden daher auch überregionale Medien hinzugezogen, außerdem solche, die ihren Sitz nicht in Bayern haben.

1.3 Forschungsbericht

Das Thema Dialektologie wird heute in erster Linie dem Forschungsfeld der Sprachwissenschaft zugeordnet, doch auch die Kulturwissenschaften haben einen großen Anteil daran, da Sprache immer auch eine kulturelle Äußerung ist. Ein Standardwerk, dass im Laufe der Arbeit immer wieder zu Rate gezogen werden wird, ist die „Einführung in die Dialektologie des Deutschen" von Hermann Niebaum und Jürgen Macha als zweite, neubearbeitete Auflage aus dem Jahr 2006[6]. Dieses beschäftigt sich vor allem aus sprachwissenschaftlicher Sicht mit dem Dialekt, setzt diesen aber auch in den Kontext der Gesellschaft. So werden beispielsweise „Dialekt in der Schule" oder „Dialekt in den Medien" thematisiert, die als Schwerpunkte auch in dieser Arbeit auftauchen.

Das Kapitel Heimat und Identität stützt sich hingegen weitestgehend auf die Definition von Ina-Maria Greverus zum Thema „Heimat", deren „literaturanthropologischer Versuch zum Heimatphänomen" von 1972 noch heute aktuell ist[7].

Die Forschungsmeinung zum Thema Bildung und Dialekt hat sich auch in den letzten Jahrzehnten noch stark gewandelt, während Basil Bernsteins „Class, Codes and Control", ein Standardwerk der Soziolinguistik, in den 1970er Jahren

---

[5] Bei direkten Zitaten wird keine orthographische oder grammatische Korrektur vorgenommen.

[6] Niebaum, Hermann/Macha, Jürgen: Einführung in die Dialektologie des Deutschen, Tübingen ²2006.

[7] Greverus, Ina-Maria: Der territoriale Mensch. Ein literaturanthropologischer Versuch zum Heimatphänomen, Frankfurt am Main 1972.

eine Debatte um die gezielte Sprachförderung „dialektbelasteter" Kinder anstieß, schlägt die neueste Veröffentlichung zum Thema eine andere Richtung ein: „Dem Dorfschullehrer sein neues Latein ..." ist eine Sammlung von Aufsätzen, die sich zum „Stellenwert und Bedeutung des Dialekts in Erziehung, Unterricht und Wissenschaft" äußern[8]. Der Dialekt wird hier insgesamt als ein Kulturgut betrachtet, das in der Schule gefördert werden solle, da „Dialektkinder" z.b. beim Erlernen von Fremdsprachen im Vorteil seien. Erwähnenswert sind an dieser Stelle auch zwei sogenannte „Handreichungen für den Unterricht", zum einen herausgegeben vom Staatsinstitut für Schulqualität und Bildungsforschung in München[9], zum anderen vom UDI, dem Unterfränkischen Dialektinstitut in Würzburg[10]. Diese befassen sich nicht nur mit dem Thema Dialekt in verschiedenen Kontexten, sondern beinhalten auch konkrete Vorschläge zur Behandlung des Themas im Unterricht.

Zum anschließenden Kapitel „Bairisch in den Medien" liegen bisher nur vereinzelt Forschungsergebnisse vor. Besonders von Interesse war für meine Arbeit dabei die Veröffentlichung „Ansichtssache Bayern. Annäherungen an eine Heimat"[11] des Bayerischen Rundfunks, das neben Aufsätzen zu speziellen Themen vor allem die Ergebnisse einer repräsentativen Umfrage in allen Regierungsbezirken Bayerns rund um das Thema „Heimat" enthält, die meine eigenen Umfragewerte zum Teil stützen oder ergänzen.

Im Bereich der Stereotypenforschung der Europäischen Ethnologie ist nach wie vor Ulrich Nußbecks „Schottenrock und Lederhose"[12] von 1994 ein informatives Grundlagenwerk, auf das ich im abschließenden Kapitel aufbauen möchte.

Insgesamt sind im Bereich der Europäischen Ethnologie im Zusammenhang mit Dialekten vor allem Titel zum Thema Identitätsstiftung erschienen. Ein besonderer Schwerpunkt, der jedoch für diese Arbeit kaum eine Rolle spielt, liegt dabei auf der Bedeutung des Dialekts für die Identität von Heimatvertriebenen, Immigranten oder anderen sprachlichen Minderheiten innerhalb eines Landes. Weitere Veröffentlichungen tangieren vor allem das Feld der Kulturraumforschung und

---

[8] Ferstl, Christian (Hrsg.): „Dem Dorfschullehrer sein neues Latein ...". Beiträge zu Stellenwert und Bedeutung des Dialekts in Erziehung, Unterricht und Wissenschaft (Jahrbuch der Johann-Andreas-Schmeller-Gesellschaft), Regensburg 2009.

[9] Staatsinstitut für Schulqualität und Bildungsforschung (Hrsg.): Dialekte in Bayern. Handreichung für den Unterricht, München 2006.

[10] Blidschun, Claudia u.a. (Hrsg.): Lehrerhandreichung „Dialekt und...", Würzburg 2007ff.

[11] Gruber, Thomas: Ansichtssache Bayern. Annäherungen an eine Heimat, München 2010.

[12] Nußbeck, Ulrich: Schottenrock und Lederhose. Europäische Nachbarn in Symbolen und Klischees, Berlin 1994.

beschäftigen sich mit der Dialektgeographie im Rahmen von Atlas-Projekten oder der Erforschung von Sprachinseln.

2 Definitionen und Historisches

Um an das Thema heranzuführen und dieses einzugrenzen, sollen in diesem Kapitel zunächst häufig benutzte sprachwissenschaftliche Fachbegriffe erläutert und ein kurzer Abriss über die Geschichte des Dialekts gegeben werden. Auch die Definition von „Bairisch" und das Verbreitungsgebiet dieses Dialekts wird eine Rolle spielen.

2.1 Begriffserklärung: Dialekt – Umgangssprache – Standardsprache

Das Wort Dialekt geht zurück auf das griechische Wort *dialektos (διάλεκτος)* und kann sowohl mit „Unterhaltung" als auch mit „Redeweise" übersetzt werden[13]. In seiner ursprünglichen Bedeutung bezieht sich das Wort also noch nicht auf die Erscheinungsform regionaler Sprache. Diese kam in Deutschland erst im 16. Jahrhundert auf und wurde durch Luther gefestigt: „Es sind aber in Teutscher Spraach viel Dialecti/ unterschiedene art zu reden/ daß offt einer den anderen nit wol verstehet"[14]. Der Begriff „Mundart" entstand etwa zeitgleich und wurde, wie auch heute noch, synonym zu „Dialekt" verwendet[15]. Abgrenzungen oder Ersetzungsversuche der beiden Begriffe, beispielsweise durch Jacob Grimm oder erneut in der Zeit des Nationalsozialismus, konnten sich nicht durchsetzen[16]. Der Dialekt wird von Peter Wiesinger, auf dessen Definitionen ich mich stützen möchte, weiterhin unterteilt in „Basisdialekt" und „Verkehrsdialekt"[17]. Die nächsthöheren Ebenen, sind „Umgangssprache" und schließlich „Standardsprache", wobei allerdings nicht von klar abgegrenzten Rändern ausgegangen werden sollte:

> Der Basisdialekt ist ländlich stark lokal gebunden und deshalb entwicklungsgeschichtlich der konservativere Dialekt, der von der einheimischen, wenig mobilen, verkehrsmäßig hauptsächlich auf den Wohnort

---

[13] Vgl. Niebaum, Hermann/Macha, Jürgen: Einführung in die Dialektologie des Deutschen, Tübingen ²2006, 1.

[14] Luther, Martin: Colloquia oder Tischreden, Frankfurt am Main 1593, 432.

[15] Vgl. Niebaum /Macha: Einführung in die Dialektologie des Deutschen, 3f.
Auch in dieser Arbeit werden beide Begriffe synonym verwendet.

[16] Vgl. ebd., 3.

[17] Diese Unterteilung wird im weiteren Verlauf der Arbeit nicht berücksichtigt, da sie vor allem aus sprachwissenschaftlicher Sicht relevant ist, soll hier aber der Vollständigkeit halber angeführt werden.

beschränkten Bevölkerung im alltäglichen privaten Gespräch unter Bekannten gesprochen wird und damit eine geringe kommunikative Reichweite besitzt.[18]

Der Verkehrsdialekt ist gegenüber dem Basisdialekt bereits regional verbreitet, indem er durch den Verkehr von den städtischen Zentren auf das umgebende Land übertragen wird und deshalb über eine größere kommunikative Reichweite verfügt. Entwicklungsgeschichtlich handelt es sich deshalb um den moderneren Dialekt, der wegen seines stadtnahen Charakters auch mehr Prestige genießt. Er wird daher von der einheimischen, aber mobilen, [...] Landbevölkerung im alltäglichen, privaten bis halböffentlichem Gespräch mit Familienangehörigen und mit bekannten und unbekannten Leuten etwa gleicher sozialer Stellung [vor allem der mittleren und jüngeren Generation] gesprochen.[19]

Die Umgangssprache besitzt [...] auf Grund der verbleibenden sekundären dialektalen Merkmale zwar noch eine deutliche regionale Bindung, verliert aber durch ihre standardsprachlichen Anteile den intimen Charakter des Dialekts. Dadurch eignet sie sich auf dem Land zum sprachlichen Umgang mit Höhergestellten, und wird vor allem in Städten [...], überhaupt zur alltäglichen Sprache der mobilen mittleren und höheren Sozial- und Bildungsschichten der Geschäftsleute, Beamten usw.[20]

Im Objektbereich „Sprache" bildet die Standardsprache die mündliche Realisierung der Schriftsprache. [...] Die Abhängigkeit der Standardsprache von der allgemein anerkannten Schriftsprache führt überall zu ihrem öffentlichen und offiziellen Gebrauch in der Schule, in der Kirche und bei verschiedenen öffentlichen Anlässen, so daß sie von allen Systemschichten die größte kommunikative Reichweite besitzt. Ihre private und halböffentliche Verwendung ist dagegen regional und sozial sehr unterschiedlich, indem bekanntlich hierin der Norden dem

---

[18] Wiesinger, Peter: „Sprache", „Dialekt" und „Mundart" als sachliches und terminologisches Problem,
in: Göschel, Joachim/Ivic, Pavle/Kehr, Kurt (Hrsg.): Dialekt und Dialektologie. Ergebnisse des internationalen Symposiums „Zur Theorie des Dialekts", Marburg/Lahn, 5.-10. September 1977. Wiesbaden 1980 (=ZDL, Beihefte N.F. 26), 187f.

[19] Wiesinger: „Sprache", „Dialekt" und „Mundart" als sachliches und terminologisches Problem, 188.

[20] Ebd., 189.

> Süden vorangeht und die gebildeten oberen Schichten mehr dazu nei-
> gen als die unteren.[21]

Es bleibt, darauf hinzuweisen, dass diese Einteilung nicht allgemeingültig ist und von vielen Sprachwissenschaftlern abweichend vorgenommen wird, auch die Anzahl der einzelnen „Stufen" variiert dabei[22]. In dieser Arbeit werden vor allem die Begriffe „Dialekt" und „Standardsprache" eine Rolle spielen, wobei letzterer synonym zu „Hochdeutsch", bzw. „Hochsprache", verwendet werden wird.

2.2 Hochsprache und Dialekt – Ein historischer Überblick

2.2.1 Deutschland

Um eine sprachliche Varietät als Dialekt wahrnehmen zu können, muss ein Gegenpol, eine Hoch- oder Standardsprache bestehen. Diese entwickelte sich aus der aufkommenden Schriftlichkeit heraus. Bis zur Erfindung des Buchdrucks war auch die geschriebene Sprache stark regional geprägt, im ausgehenden Mittelalter setzte dann eine Veränderung ein: Die Bibelübersetzung Luthers wurde vor allem in den protestantischen Gebieten als Vorbild für eine neue deutsche Standardsprache genutzt. Gerade in Niederdeutschland wurde dieses Deutsch ähnlich einer Fremdsprache erlernt, da hier der Unterschied zwischen Dialekt und Hochsprache besonders groß war. Von dort aus breitete sich das neue Hochdeutsch dann über ganz Deutschland aus, was durch verschiedene Entwicklungen, wie die Einführung der allgemeinen Schulpflicht gegen Ende des 18. Jahrhunderts, sowie eine einsetzende Verstädterung und höhere Mobilität als Auswirkungen der Industrialisierung gefördert wurde. Es reichte allein aus wirtschaftlichen Gründen nicht mehr aus, sich regional verständigen zu können, die überregionale Standardsprache gewann zunehmend an Bedeutung. Zum Ende des 19. Jahrhunderts war die Entwicklung der standardisierten Schriftsprache weitgehend abgeschlossen, die Presse und im 20. Jahrhundert dann die neuen Medien Radio und Fernsehen verbreiteten diese Sprache auch in ländlichen Gebieten.

Die Schriftsprache wandelte sich auf diese Weise von regional zu national, die gesprochene Sprache machte hingegen eine etwas andere Entwicklung durch. Während man sich vor allem im niederdeutschen Sprachraum an der Schriftsprache orientierte, herrschte im Süden – geprägt durch das Bildungswesen der Jesu-

---

[21] Ebd., 188f.

[22] Vgl. Niebaum /Macha: Einführung in die Dialektologie des Deutschen, 7.

iten – noch bis ins 18. Jahrhundert hinein Latein als einzige überregionale Bildungssprache vor. In der zweiten Hälfte des 18. Jahrhunderts setzte sich jedoch auch hier im Zuge der Aufklärung, verbunden mit der Idee des Nationalstaats, der mitteldeutsche Standard durch[23].

Als erste Anleitung zum „richtigen" Sprechen entstand 1898 das Werk „Deutsche Bühnenaussprache" von Theodor Siebs, angeregt durch die Forderung einer einheitlichen Aussprache der Schauspieler beim Aufführen klassischer Tragödien[24]. Später folgten das „Wörterbuch der deutschen Aussprache" (1960) und das Aussprachewörterbuch des DUDEN-Verlags (1974)[25].

Eine gegenseitige Beeinflussung von Dialekt und Hochsprache erfolgte vor allem durch die Wanderungsbewegungen in der ersten Hälfte des 20. Jahrhunderts, ausgelöst durch Militärdienst, Vertreibungen und Flucht. Auch die mündliche Sprache wurde zusätzlich nachhaltig durch Radio und Fernsehen beeinflusst[26]. Das Ergebnis ist bis heute eine überwiegende Diglossie, bei der jeder Sprecher sowohl einen Dialekt als auch die Standardsprache beherrscht. In welchen Fällen ein Code-Switching[27] erfolgt oder wie ausgeprägt beide Formen sind, ist regional und individuell verschieden. Dabei sollte jedoch bedacht werden, dass es sich nicht um ein bi-poliges Modell, sondern eine „Skala […] mit vielen Zwischentypen einer Zweisprachigkeit"[28] handelt. Eine komplett vereinheitlichte Standardsprache war und ist in Deutschland auch bei Berufssprechern nicht vorhanden[29].

---

[23] Vgl. König, Werner: dtv-Atlas Deutsche Sprache. Deutscher Taschenbuchverlag, München ^{15}2005, 101
und Knoop, Ulrich: Zur Geschichte der Dialektologie des Deutschen. Forschungsrichtungen und Forschungsschwerpunkte, in: Besch, Werner u.a. (Hrsg.): Dialektologie. Ein Handbuch zur deutschen und allgemeinen Dialektforschung, Bd. 1, Berlin/ New York 1982, 1-19, 3f.

[24] Vgl. ebd., 109f.

[25] Vgl. ebd., 244.

[26] Vgl. Besch, Werner: Entstehung und Ausprägung der binnensprachlichen Diglossie im Deutschen,
in: Besch, Werner u.a. (Hrsg.): Dialektologie. Ein Handbuch zur deutschen und allgemeinen Dialektforschung, Bd. 2, Berlin/ New York 1983, 1404.

[27] Wechsel zwischen verschiedenen Sprachen oder Sprachvarietäten.

[28] Besch, Werner: Entstehung und Ausprägung der binnensprachlichen Diglossie im Deutschen, 1405.

[29] Vgl. König: dtv-Atlas Deutsche Sprache, 244.

2.2.2 Bayern

Die Entwicklung des bairischen Dialekts im Vergleich zur Hochsprache ist mit einer Art Wellenbewegung zu vergleichen. Zunächst befand sich das Bairische in einem Aufwärtstrend: Die Bajuwaren[30] wurden im Anschluss an die große Völkerwanderung sesshaft und der Sprachkontakt somit reduziert, was zu einer stärkeren Differenzierung des bairischen Dialekts gegenüber anderen führte. Auch die „admonitio generalis" Karls des Großen von 789, in der die Nutzung der Volkssprache im kirchlichen Umfeld angeordnet wurde, verhalf dem Bairischen zu einem Aufschwung[31]. In der bäuerlichen Gesellschaft reichte ein regionsspezifischer Dialekt aus, überregionale Verständigung war nicht notwendig[32]. Ihren vorläufigen Höhepunkt erreichte die Dialektwelle im 15. Jahrhundert, als innerhalb Bayerns die Sprecher der einzelnen Dialekte aufgrund mangelnder Verstehbarkeit untereinander nicht mehr miteinander kommunizieren konnten[33]. Daraufhin setzten, wie auch für Gesamtdeutschland beschrieben, die Tendenzen zu einer standardisierten Schriftsprache ein, die sich auch auf die mündliche Sprache auswirkte. Der Dialekt brach ein, war zum Teil sogar verpönt[34]. In den späten 1970er Jahren erlebte er jedoch eine Art Renaissance und ist auch heute wieder sehr beliebt unter den Sprechern. Einen Überblick über die heutige Situation des Dialekts in Bayern gibt eine Umfrage des Instituts für Demoskopie Allensbach von 2008. Bewertet werden sollte die These: „Ich sprech eigentlich immer Dialekt/Mundart" [35]. Mit „ja" stimmten in Bayern 45% der Befragten, was für die weiterhin hohe Akzeptanz und Verbreitung des Dialekts spricht. Bayern belegte damit deutlich den ersten Platz, gefolgt von Thüringen/Sachsen mit 37%, das Schlusslicht bildeten Norddeutschland und Nordrhein-Westfalen mit jeweils 10%.

---

[30] Erste Erwähnung auf der "fränkischen Völkertafel" des 6. Jahrhunderts und in der „Gotengeschichte" des Jordanes von 550. Vgl.: Reindel, Kurt: Die Herkunft der Bayern, in: Spindler, Max (Hrsg.): Handbuch der bayerischen Geschichte, Bd. 1, München ²1981, 103.

[31] Vgl. Hochholzer, Rupert: Sprache und Dialekt in Bayern. Grundbegriffe und Entwicklungslinien,
in: Staatsinstitut für Schulqualität und Bildungsforschung (Hrsg.): Dialekte in Bayern. Handreichung für den Unterricht, München 2006, 69f.

[32] Vgl. König: dtv-Atlas Deutsche Sprache, 135.

[33] Vgl. Hochholzer: Sprache und Dialekt in Bayern, 72.

[34] Vgl. Kapitel 4.

[35] Vgl. Institut für Demoskopie Allensbach: Allensbacher Berichte, Nr.4 2008.

16

Aber immer noch unterliegt der Dialekt einem ständigen Wandel. Vor allem in den Großstädten wie München wird der eigentliche Ortsdialekt durch eine Umgangssprache mit höherer kommunikativer Reichweite ersetzt. In ländlichen Gebieten herrscht hingegen weiterhin der Dialektgebrauch vor.[36] Wie wichtig dieser für die Bevölkerung ist, zeigt auch folgendes Ergebnis meiner Umfrage unter Sprechern des Mittelbairischen:

2.3 Verbreitungsgebiet

Bairisch ist nicht gleich bairisch, daher ist es nötig, das Forschungsgebiet näher zu erläutern:

Bairisch wird unterteilt in Nord-, Mittel- und Südbairisch, wobei letzteres fast ausschließlich im heutigen Österreich gesprochen wird. Ich beziehe mich in dieser Arbeit, wenn von „bairisch" die Rede ist, ausschließlich auf das Mittelbairische, das überwiegend in Ober- und Niederbayern und Teilen der Oberpfalz gesprochen wird.

---

[36] Vgl. Hochholzer: Sprache und Dialekt in Bayern, 60.
[37] Fragebogen intern [A101].

17

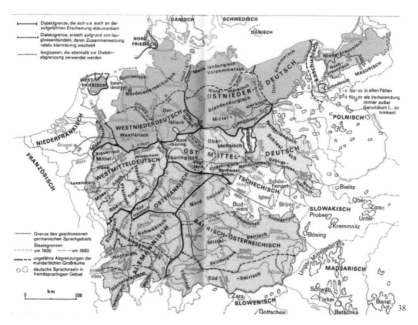

Der Sprachraum wird nach Norden und Süden begrenzt durch das Nord- und Süd-
bairische, im Westen durch das Alemannische und im Osten durch die Länder-
und somit auch Sprachgrenze zu Tschechien. Die Österreichische Grenze im Süden spielt dabei für die Begrenzung des Sprachraums kaum eine Rolle, der Dialekt
setzt sich darüber hinaus fort.[39]

2.4 Der Dialekt in der Europäischen Ethnologie – Kulturraumforschung

Nicht erst seit dem „spatial turn" der 1980er Jahre spielt der Kulturraum in der
Europäischen Ethnologie eine entscheidende Rolle. Vorläufer der „Kulturraumforschung, die im Zusammenspiel von geographischen, territorialgeschichtlichen
und volkskundlichen Fakten ‚Kulturströmungen und Kulturprovinzen' aufzuzei-
gen vermochte"[40], waren die Sprachatlanten des 19. Jahrhunderts.

---

[38] König: dtv-Atlas Deutsche Sprache, 230.

[39] Vgl. Wiesinger, Peter: Die Einteilung der deutschen Dialekte, in: Besch, Werner u.a.
(Hrsg.): Dialektologie. Ein Handbuch zur deutschen und allgemeinen Dialektforschung, Bd.
2, Berlin/New York 1983, 839ff.

[40] Weber-Kellermann, Ingeborg/Bimmer, Andreas C./Becker, Siegfried: Einführung in die
Volkskunde/Europäische Ethnologie. Eine Wissenschaftsgeschichte, Stuttgart/Weimar [3]2003,
111.

2.4.1 Sprachatlasforschung

Die Thematisierung der Verschiedenheit der Mundarten ist schon seit dem Mittelalter belegt. Jedoch beschränkte sie sich hier auf die reine Feststellung, dass in unterschiedlichen Teilen der jeweiligen Länder auch unterschiedlich gesprochen und geschrieben wurde, weitergehende Analysen fanden nicht statt[41]. Diese setzten erstmals im 17. Jahrhundert mit der Zusammenstellung sogenannter „Idiotica" ein. In diesen wurden eigentümliche (Dialekt-)Wörter gesammelt. Man verfolgte damit zwei Ziele: Zum einen entsprach die Sammeltätigkeit der Mode der Zeit, Kuriositäten aus verschiedenen Regionen zu sammeln und zu präsentieren (analog der Wunderkammern des Barock), zum anderen sollte mit den Wörtern der Idiotica die Hochsprache ergänzt werden[42].

Die Weiterentwicklung dieser ersten Forschungsansätze übernahm schließlich Johann Andreas Schmeller, der zu Beginn des 19. Jahrhunderts die Arbeiten an seinem „Bayrischen Wörterbuch"[43] aufnahm und damit den Grundstein für die moderne Dialektforschung legte. Das „Bayerische Wörterbuch", das erstmals 1837 publiziert werden konnte, enthält neben einer Wörtersammlung auch den Versuch einer ersten Lautschrift und eine erste Dialektkarte[44]. Eine solche Karte wurde schon im Vorfeld von Landeshistorikern gefordert, die sich anhand der Sprachräume Rückschlüsse auf die Entwicklung und Einteilung der deutschen Stämme erhofften. Während Karl Bernhardi 1844 eine „Sprachkarte von Deutschland" entwickelte, die aber nach eigenen Angaben nur einen Versuch darstellte, war es Georg Wenker, der 1876 erstmals eine umfassende dialektgeographische Arbeit begann[45].

Wenker entwickelte auf Grundlage der phonologischen Merkmale 40 Sätze, heute als „Wenkersätze" bezeichnet, die er nach und nach an – vornehmlich – Lehrer des gesamten deutschen Sprachgebiets verschickte, mit der Bitte, diese so umzuschreiben, wie es der ortsübliche Dialekt verlangte[46]. Bis heute liegen dem Projekt Deutscher Sprachatlas (DSA), das sich mit dem „Forschungsinstitut für deutsche Sprache - Deutscher Sprachatlas" in Marburg den Forschungen Wenkers annahm,

---

[41] Vgl. Knoop: Zur Geschichte der Dialektologie des Deutschen, 1.

[42] Vgl. ebd., 10f.

[43] Als Digitalisat der Bayerischen Staatsbibliothek unter http://www.bayerische-landesbibliothek-online.de/schmeller (Stand: 01.02.2012)

[44] Vgl. Knoop: Zur Geschichte der Dialektologie des Deutschen, 14.

[45] Vgl. ebd., 18 und König: dtv-Atlas Deutsche Sprache, 139.

[46] Vgl. König: dtv-Atlas Deutsche Sprache, 139.

über 50.000 ausgefüllte Fragebögen vor. Um das gesamte Kartenmaterial erhalten und publizieren zu können, ging 2001 der „Digitale Wenker-Atlas"[47] (DiWA) online.

Neben dem Großprojekt DSA sind für Deutschland insbesondere noch zwei sprachgeographische Arbeiten relevant: Zum einen der „Deutsche Wortatlas"[48] (DWA), zu dessen Zweck Walther Mitzka 1939 und 1940 Fragebögen versandte, und zum anderen der „Wortatlas der deutschen Umgangssprache"[49], der sich von den dialektalen Arbeiten abhebt und den gesamten deutschen Sprachraum abdeckt. Veröffentlicht wurde dieser in den Jahren 1977 bis 2000 von Jürgen Eichhoff[50].

Für Altbayern wird aktuell durch die Kommission für Mundartforschung der Bayerischen Akademie der Wissenschaften am neuen Bayerischen Wörterbuch gearbeitet, dessen erster Band 2002 publiziert wurde[51]. Des Weiteren gibt es in Bayern insgesamt sechs Sprachatlasprojekte (Bayerisch-Schwaben, Nordostbayern, Mittelfranken, Unterfranken, Niederbayern und Oberbayern), die an den Universitäten des Freistaates bearbeitet werden und den Schwerpunkt auf dialektgeographische Arbeiten legen. In Zusammenarbeit mit diesen begann 1999 die Arbeit am „Kleinen Bayerischen Sprachatlas", der Kartenmaterial für Gesamtbayern enthält und dessen erste Auflage im Jahr 2006 erschien[52].

2.4.2 Sprachinselforschung

Ein weiterer Aspekt der (Sprach-)Kulturraumforschung ist die Sprachinselforschung. Unter einer Sprachinsel versteht man „räumlich abgegrenzte und intern strukturierte Siedlungsräume einer sprachlichen Minderheit inmitten einer andenssprachigen Mehrheit"[53]. Eine solche Sprachinsel kann sowohl als Exklave im

---

[47] Schmidt, Jürgen Erich/Herrgen, Joachim (Hrsg.): Digitaler Wenker-Atlas (DiWA).

[48] Mitzka, Walther/Schmitt, Ludwig Erich (1951ff.): Deutscher Wortatlas (DWA), 22 Bde., Gießen 1956-1980.

[49] Eichhoff, Jürgen: Wortatlas der deutschen Umgangssprachen, 4 Bde., Bern/München 1977-2000.

[50] Vgl. König: dtv-Atlas Deutsche Sprache, 139.

[51] Vgl. Internetauftritt der Kommission für Mundartforschung an der Bayerischen Akademie der Wissenschaften.

[52] Vgl. Renn, Manfred/König, Werner: Kleiner Bayerischer Sprachatlas. Mit 127 Abbildungen in Farbe, München ³2009, Vorwort.

[53] Hutterer, Claus Jürgen: Sprachinselforschung als Prüfstand für dialektologische Arbeitsprinzipien,

anderssprachigen Ausland als auch als dialektale Enklave im (politisch) eigenen Land realisiert sein. Bedeutung für die volkskundliche Forschung gewinnen Sprachinseln, da der Begriff „nicht nur linguistisch verstanden, sondern als Sammelbegriff sämtlicher Lebensäußerungen der in einer Sprachinsel zusammengefaßten Gemeinschaft"[54] verwendet wird. So wurde die Sprachinselforschung zunächst als Möglichkeit gesehen, dem historischen Hintergrund verschiedener germanischer Stämme näherzukommen, Hutterer spricht hier von der Suche nach der „Urheimat"[55].

Die Besonderheit der Sprachinseln liegt in der Entwicklung einer Sprache auf relativ kleinem Raum. Durch die Abgrenzung nach außen wird eine Sprache mehr oder weniger konserviert, behält also im Idealfall ihre ursprüngliche Form, während die Sprache im Herkunftsland schon vielfältigen Veränderungen unterworfen ist. Die Süddeutsche Zeitung berichtete beispielsweise über eine bairische Sprachinsel in Neuseeland, die von Sprachwissenschaftlern der Universität Regensburg entdeckt wurde[56]. Der alte bairische Dialekt wurde dort erhalten, es kamen keine neuen Wörter im Dialekt hinzu. Fehlte ein Wort, wurde es durch Begriffe der Umgebungssprache, in dem konkreten Fall des Englischen, ersetzt.

Auf der anderen Seite kann man am Beispiel einer Sprachinsel auch den Verfall einer Sprache „im Zeitraffer" beobachten: Durch verschiedene Entwicklungen der modernen Gesellschaft wie Zunahme der Mobilität, Abwanderung der Jugend und der Rückgang der Autarkie einer kleinen Gemeinschaft, beispielsweise eines Dorfes, wird die Beherrschung der Umgebungssprache immer wichtiger. Die Heimatsprache wird nur noch untereinander gesprochen und fällt später ganz weg, da sie im Leben der Jüngeren keine Bedeutung mehr hat[57].

Die Sprachinselforschung ist vor allem Instrument historisch orientierter Zweige der Sprach- und Kulturwissenschaften, da eine „alte", womöglich längst untergegangene Sprache beobachtet oder rekonstruiert werden kann – und mit ihr Begriffe, die auf das Leben der Menschen schließen lassen, die diese Sprache ursprünglich nutzten. Für das Thema dieser Arbeit sind die bairischen Sprachinseln

---

in: Besch, Werner u.a. (Hrsg.): Dialektologie. Ein Handbuch zur deutschen und allgemeinen Dialektforschung, Bd. 1, Berlin/New York 1982, 178.

[54] Ebd., 178.

[55] Ebd., 179.

[56] Vgl. Kratzer, Hans: Wo's mi showern doud, in: Süddeutsche Zeitung 15.04.2008.

[57] Vgl. Matzel, Klaus: Der Untergang deutscher Sprachinseln in Norditalien (Sette comuni e Tredeci comuni), in: Beck, Heinrich (Hrsg.): Germanische Rest- und Trümmersprachen, Berlin 1989, 85.

insofern wichtig, da man mit ihrer Hilfe die Veränderungen zum heute gesproche-
nen Dialekt erkennen kann. So gaben in einer Umfrage von 2008 über 85% der
Befragten in Bayern an, den Dialekt der Region zu sprechen, während dies in den
1980er Jahren nur etwa 65% von sich behaupteten[58]. Auch eine Umfrage des Instituts für Demoskopie Allensbach ergab, im Gegensatz zu den Voraussagen vieler
Wissenschaftler, keinen dramatischen Rückgang der Dialektkompetenz[59]. Als
Grund für diese Selbsteinschätzung gibt Andrea Schamberger-Hirt von der Kommission für Mundartforschung der Bayerischen Akademie der Wissenschaften jedoch eine veränderte Wahrnehmung des Dialekts an[60]. Die alten Ortsmundarten
würden insgesamt durch eine neuere, überregionale Form verdrängt, dementsprechend gelten bei vielen Befragten bereits einzelne Abweichungen von der Standardsprache als Dialekt.

---

[58] Vgl. Oberloher, Susanne: Host mi? - Bairisch kommt wieder in Mode, in: Notizbuch „Nah
dran", Bayern 28.03.2012.
[59] Vgl. Institut für Demoskopie Allensbach: Allensbacher Berichte, Nr.4 2008, 3ff.
[60] Vgl. Oberloher: Host mi? - Bairisch kommt wieder in Mode.

3 Heimat und Identität

In diesem Kapitel wird untersucht, welche Rolle der Dialekt im Zusammenhang mit der Identität und dem Heimatbezug eines Menschen spielt. Dieser Aspekt der Sprache wird im weiteren Verlauf der Arbeit immer wieder von Bedeutung sein und kann auch die emotionale Verbindung eines Menschen zu seiner Muttersprache – in diesem Fall dem bairischen Dialekt – erklären.

3.1 Heimat – was ist das?

> Heimat? Schwerst zu erklären. Immer wieder gefragt. Nie eine Antwort gefunden. Aber der Versuch wird dann so aussehen, dass es ein sehr tiefes Gefühl ist, was man sich nicht erklären kann, das einen immer wieder zurückkommen lässt, wo man herkommt. Oder einen schon im Vorfeld davon abhält, überhaupt erst wegzugehen.[61]

Über den Begriff „Heimat" wurde in Deutschland schon viel geschrieben. Vor allem Literarisches, aber auch die Wissenschaft hat sich immer wieder mit diesem Phänomen auseinander gesetzt. Zu einer eindeutigen Definition ist es aber bisher nicht gekommen, es bleibt, wie im Fall von Franz Xaver Bogner, bei Versuchen.

Bis ins 19. Jahrhundert hinein war „Heimat" ein Rechtsbegriff, der das Eigentum von Haus und Hof zusammenfasste[62]. Die weitere Entwicklung des Begriffs knüpft Bausinger eng an die Industrialisierung der Städte und die neue Mobilität der bürgerlichen Bevölkerung[63]. Heimat sei um 1900 zum oppositionellen Schlagwort geworden, das die ländliche Bäuerlichkeit gegenüber der zivilisierten Großstadt pries. Auch die Politik machte sich die neu entdeckte Liebe zur Heimat zunutze und deutete sie nach der Gründung des Deutschen Kaiserreiches zur „Vaterlandsliebe" um[64]. Doch:

---

[61] Franz Xaver Bogner, Regisseur und Drehbuchautor aus Bayern, zit. nach: Morawetz, Thomas u.a. (Projektgruppe): Fakten aus der Bayernstudie, in: Gruber, Thomas (Hrsg.): Ansichtssache Bayern. Annäherung an eine Heimat, München 2010, 94.

[62] Vgl. Bausinger, Hermann: Heimat und Identität, in: Bausinger, Hermann/Köstlin, Konrad (Hrsg.): Heimat und Identität. Probleme regionaler Kultur. 22. Deutscher Volkskunde-Kongress in Kiel vom 16. bis 21. Juni 1979. (= Studien zur Volkskunde und Kulturgeschichte Schleswig-Holsteins, 7), Neumünster 1980, 11f.

[63] Vgl. ebd., 13ff.

[64] Vgl. Hirsch, Stefan: 100 Jahre Heimat – Von Seelenlandschaften und Ortsbildern,

> Die Identifikation mit dem größeren Vaterland hob – auch und gerade
> im Bürgertum – die Loyalität gegen die kleineren Vaterländer nicht auf;
> sie konnte die aus der engeren Region stammenden Heimatgefühle
> nicht ersetzen.[65]

Nach dem ersten Weltkrieg war das Gefühl der Geborgenheit in eben diesem Vaterland zunächst verloren und wurde später im Nationalsozialismus erneut für politische Zwecke ideologisiert und missbraucht[66]. Die Nachkriegszeit brachte auch hier die Wende: „Heimat" wurde vor allem ab den 1970er Jahren wieder positiv konnotiert, anfangs noch als „verstaubt" belächelt, erlebte der Begriff bald eine Renaissance, die auch mit neuen Definitionsversuchen und wissenschaftlichen Analysen einher ging, die – wie bereits erwähnt – sehr vielschichtig sind.

> Ein Konsens zeichnet trotz unterschiedlicher Auffassungen alle Bei-
> träge zu diesem Thema aus: sie spalten die Bedeutungskomponenten
> von „Heimat" in unterschiedliche Kategorien auf, da *eine* umfassende
> Definition des Wortes nicht gegeben werden kann.[67]

Nach Schumann hat „Heimat" vor allem zwei „große" Bedeutungsdimensionen: Die „soziale und affektive Dimension"[68]. Unter sozialer Dimension werden die Aspekte von Heimat zusammengefasst, die mit anderen Menschen in Zusammenhang stehen, während sich die affektive oder umweltbezogene Dimension auf Heimat als Lebensraum stützt[69]. Auch andere Autoren vollziehen diese Trennung nach, vor allem bei Umfragen zum Thema Heimat wird unterschieden in die Dimensionen „Ort/Region", „Menschen" und zusätzlich „Ort der Kindheit/Emotionen"[70]:

---

in: Gruber, Thomas: Ansichtssache Bayern. Annäherungen an eine Heimat, München 2010, 104ff.

[65] Bausinger: Heimat und Identität, 15.

[66] Vgl. Hirsch: 100 Jahre Heimat – Von Seelenlandschaften und Ortsbildern, 106.

[67] Schumann, Andreas: Heimat denken. Regionales Bewusstsein in der deutschsprachigen Literatur zwischen 1815 und 1914, Köln 2002, 8.

[68] Ebd., 8.

[69] Vgl. ebd., 8f.

[70] Vgl. Schneider, Herbert: Wohnort – Gemeinde – Landkreis. Einige empirische Befunde, in: Weigelt, Klaus (Hrsg.): Heimat. Tradition. Geschichtsbewußtsein, Mainz 1986, 61ff.

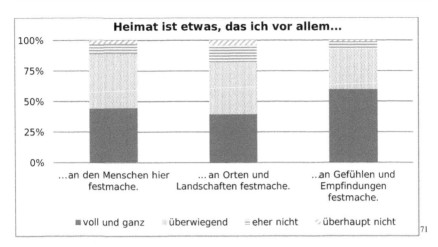

Hier wird deutlich, dass diese Trennung nicht nur in der Wissenschaft Sinn macht, sondern tatsächlich von den Menschen so erlebt wird. Auch wenn ein Schwerpunkt auf dem emotionalen Aspekt von Heimat liegt, stehen alle drei Teilbereiche mehr oder weniger gleichbedeutend nebeneinander. Sucht man dennoch nach einer umfassenden Definition des Begriffs, wird man bei Ina-Maria Greverus fündig:

> Das satisfaktionierende Territorium für das Subjekt Mensch beruht auf der Erfüllung der territorialen Bedürfnisse durch „ungestörtes" erfülltes Sich-Verhalten-Können in einem sozio-kulturell gegliederten Raum. Dazu gehört neben der „ideellen" und anerkannten Einstellungs- und Rollensicherheit auch die materielle Sicherheit, einerseits als der biologisch notwendige Nahrungsraum und andererseits als die kulturell normierte, statusgewährende „wirtschaftliche Position", sowie die Möglichkeit, Konflikte in diesem Territorium zu lösen.[72]

Das „satisfaktionierende Territorium" wird hier mit Heimat gleichgesetzt, unter der Annahme, dass „Der Mensch [...] als ein sozio-kulturell determiniertes Wesen nicht nur einen physischen Bedarf, sondern auch einen soziokulturellen"[73] Bedarf hat. Heimat ist also der kulturelle Raum, in dem die wiederum sozio-kulturellen Bedürfnisse eines Menschen erfüllt werden, und spielt damit im Zusammenhang

---

[71] In Anlehnung an: Morawetz u.a. (Projektgruppe): Fakten aus der Bayernstudie, 98.

[72] Greverus, Ina-Maria: Der territoriale Mensch. Ein literaturanthropologischer Versuch zum Heimatphänomen, Frankfurt am Main 1972, 382.

[73] Ebd., 13.

mit der kulturwissenschaftlichen Dialektforschung eine große Rolle. Inwiefern, lässt sich am besten nachvollziehen, wenn man den Begriff der Identität hinzunimmt.

3.2 Heimat und Identität – Regionale Verwurzelung in Zeiten der Globalisierung

Aleida Assmann definiert Identität aus kulturwissenschaftlicher Sicht als „Vergewisserung eines Selbst im sozialen Zusammenhang"[74]. Der soziale Zusammenhang wird dabei von der Inklusion in verschiedenen Gruppen gebildet, denen sich das „Selbst" durch kulturelle Identifikation im Hinblick auf beispielsweise Kleidung oder auch Sprache zugehörig fühlt.

Die Verknüpfung von Identität und Heimat stellt Hermann Bausinger anschaulich dar:

> Heimat ist ein vages, verschieden besetzbares Symbol für intakte Beziehungen. Das mag ausgedrückt werden in Landschaft oder Dialekt, in Tracht oder Lied – immer geht es um die Beziehungen zu Menschen und Dingen. Heimat ist ein bildschwangeres Wort, das schon hier vielfach für Identität steht, auf Identität zuführt – Identität als Übereinstimmung des Menschen mit sich und seiner Umgebung, Identität als Gegenbegriff zur Entfremdung.[75]

Vor allem dieser „Gegenbegriff zur Entfremdung" ist ein wichtiger Aspekt, der zum heutigen Verständnis von Heimat überleitet und seine Bedeutungs-Entwicklung erklären kann. Heimat war lange vor allem mit der Vergangenheit verbunden, dem Ort der Kindheit oder Erlebnissen der Jugend. In der Gegenwart versteht man unter Heimat aber vielmehr das von Greverus definierte „satisfaktionierende Territorium", einen Raum der Geborgenheit in materieller, sozialer und kultureller Hinsicht. Diese Vertrautheit fehlt oft in einer sogenannten globalisierten Welt, in der Mobilität und Städtewachstum einen zunehmend anonymen Lebensraum schaffen. Die Rückbesinnung auf „Heimat" ist hier nicht nur die Sehnsucht nach

---

[74] Assmann Aleida: Zum Problem der Identität aus kulturwissenschaftlicher Sicht, in: Lindner Rolf (Hrsg.): Die Wiederkehr des Regionalen. Über neue Formen kultureller Identität, Frankfurt am Main 1994, 13.

[75] Bausinger: Heimat und Identität, 9.

Vertrautheit, sondern auch ein Versuch, regionstypische Merkmale gegen eine äußere Gleichschaltung zu stellen[76]. Dabei sollte jedoch immer auch die Gefahr dieser regionalen Identitäten bedacht werden. So weist Bausinger ausdrücklich darauf hin, dass Heimat nicht vorwiegend exkludierend gedacht werden darf, denn:
„Wer Heimat sagt, begibt sich auch heute noch in die Nähe eines ideologischen
Gefälles, und er muß zusehen, daß er nicht abrutscht"[77].

Heimat, das sind heute nicht mehr die Schwarz-Weiß Filme der 1950er und 60er
Jahre. Heimat ist zu einem omnipräsenten Begriff geworden, der mit seinen zahl-
reichen Deutungsmöglichkeiten aus dem Alltag nicht mehr wegzudenken ist und
vor dem auch die kommerzielle Verwendung nicht halt macht. Jede Region in
Deutschland hat mittlerweile seinen eigenen Heimatkrimi[78]: „‚Leser identifizieren
sich mit der Region [...]. Potenzielle Käufer sind die Leute, die die Region kennen
- aus der Kindheit oder aus dem Urlaub.‘ Heimat als Sehnsuchtsort quasi"[79], so
ein Artikel der Welt am Sonntag. Als weitere Erklärung für den Erfolg der Romane
wird auch hier der „Gegentrend zur Globalisierung, der sich auch im Buchladen
widerspiegelt"[80] angeführt. Neben der Literatur ist Heimat auch zum wichtigen
Thema im Fernsehen geworden, die Serie „Dahoam is Dahoam" im Bayerischen
Rundfunk sehen beispielsweise täglich etwa eine Million Menschen (vgl. hierzu
Kapitel 5)[81].

Auffällig ist, dass Heimat vor allem in Bayern zu liegen scheint: Unter den wer-
benden Unternehmen, die das Schlagwort Heimat gebrauchen, finden sich hauptsächlich bayerische, ähnlich verhält es sich mit TV-Produktionen[82]. Auch im Bereich der Bildung schlägt sich „Heimat" nieder: Neben Schleswig-Holstein ist
Bayern das einzige Bundesland, das seinen Sachunterricht – wie er in den meisten
Bundesländern seit den 1970er Jahren heißt – „Heimat- und Sachunterricht"

---

[76] Vgl. ebd., 20f.

[77] Ebd., 22.

[78] Vgl. [o.Verf.] Bloß kein Regio-Krimi!, in: Krimi-Couch.de 04.2012.

[79] Böhm, Christian: Verbrechen zahlt sich aus, in: Welt am Sonntag 23.01.2011.

[80] Christoph Stampfl, Abteilungsleiter Unterhaltung bei Hugendubel am Münchner Marien-
platz,
zit. nach: Böhm: Verbrechen zahlt sich aus.

[81] Vgl. Internetseite der Fernsehserie "Dahoam is dahoam" des Bayerischen Rundfunks
und Grzeschik, David: Quotencheck „Dahoam is dahoam", in: quotenmeter.de 27.01.2012.

[82] Vgl. Kapitel 5 und 6.2.2.

nennt[83]. Und bayerische Heimat ist besonders gut zu transportieren: Der bairische Dialekt ist gleichzeitig Träger und Vermittler von Heimat nach außen.

3.3 Die Sprache der Heimat – Identitätserzeugung und Ausgrenzung durch Dialekt

> Die Konfrontation mit anderen kulturellen Verhaltensweisen ruft auch bei sich in ihrer Zusammensetzung als Wir-Gruppe gleichbleibenden Sozialgebilden Desorientierungserscheinungen hervor, die sich in Defensive oder Offensive, in Ablehnung oder Aufnahmewilligkeit äußern können und ihren satisfaktionierenden Ausgleich in der Akkulturation finden. Sozialgebilde werden sowohl durch horizontale als auch vertikale Mobilität ständig dieser Konfrontation ausgesetzt, die immer wieder eine neue Subjekt-Umwelt-Orientierung fordert.[84]

Bezogen auf den Dialekt bedeutet dies, dass die Gruppe der Dialektsprecher nicht von der Umwelt abgeschottet ist, sondern immer wieder verschiedenen Sprachkontakten ausgesetzt ist, auf die sie reagieren muss. Welche Formen diese Reaktion annimmt und welche Rolle die Sprache in Bezug auf Heimat und Identität spielt, soll in diesem Kapitel untersucht werden.

Zunächst ist der Dialekt in der Lage, durch seine bloße Anwesenheit Heimat zu erzeugen: „Zu Bayern gehört für mich, da wo man bayerisch redt, wo man noch Dialekt redt. […] Da wo ma nimmer bayerisch redt, da is für mi nimmer Bayern."[85] Die Sprache grenzt eine Region gegenüber anderen ab, schafft so klare Strukturen und gibt ein Gefühl der Sicherheit. „Dialekt ist der Ausdruck der lokalen oder regionalen Identität schlechthin."[86]

---

[83] Eigene Recherche, basierend auf den Internetauftritten der Kultusministerien der einzelnen Bundesländer Deutschlands.

[84] Greverus: Der territoriale Mensch, 48.

[85] Frau, 59, Niederbayern, zit. nach: Morawetz u.a. (Projektgruppe): Fakten aus der Bayernstudie, 16.

[86] Anthony Rowley, federführender Autor des *Bayerischen Wörterbuchs*, zit. nach: Levecke, Bettina: „Geben Sie Ihren Dialekt an die Kinder weiter!", in: Goethe-Institut 05.2006.

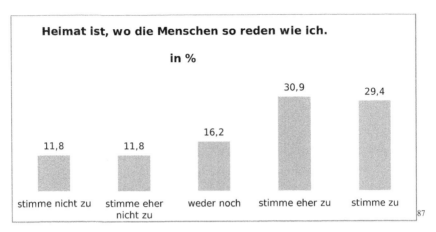

Heimat ist, wo die Menschen so reden wie ich.

in %

In Bayern brachten 60% der Befragten Heimat und regionale Sprechweise direkt zusammen, während der gleichen Aussage außerhalb Bayerns nur etwa 42% zustimmten[88]. Weiterhin lautet eine Antwort auf die Frage nach der dialektalen Erziehung der eigenen Kinder: „Für die persönliche Identität ist es wichtig, dass man auch den Dialekt der Heimat versteht und sprechen kann."[89]. Dialekt schafft also Heimat und grenzt diese ein – wird aber gleichzeitig als Produkt und Merkmal dieser Heimat verstanden, die wiederum eng mit der eigenen Identität verknüpft ist. In diesem Zusammenhang kommt mit dem Dialekt auch ein Regionalstolz auf, der sich zum Beispiel so äußert: „Wenn ich mich außerhalbs [sic!] Bayern bewege heißt das nicht, dass ich mein Dialekt einschränken muss. Ich muss stolz zeigen aus welchem Ort ich komme"[90] oder „von mir aus kann jeder hören wo ich herkomme"[91]. Auch Außenstehenden ist dieser „Heimatstolz" aufgefallen: „Habe das Gefühl, dass Bayern sehr zu Ihrem Dialekt stehen und ‚stolzer' darauf sind als andere Dialektsprecher. Dazu kommt, dass die Bayern (Studium, Beruf) meiner Erfahrung nach eher in Bayern bleiben und sich dort wohlfühlen, nicht wegwollen."[92] Tatsächlich wohnen 81% der Bayern noch in der Region ihrer Kindheit, wobei allerdings die Franken mit zum Teil 93% noch etwas sesshafter sind als die

[87] Fragebogen intern [A401].
[88] Vgl. Fragebogen extern [A401].
[89] Fragebogen intern [A107], Frau, 29, Unterfranken.
[90] Fragebogen intern [A203], Frau, 15, Oberbayern.
[91] Fragebogen intern [A203], Mann, 51, Oberpfalz.
[92] Fragebogen extern [B401], Mann, 29, Baden-Württemberg.

Altbayern[93]. Auch der Aspekt des Wohlfühlens kann durchaus bestätigt werden, laut „Glücksatlas 2011" leben in Südbayern die drittglücklichsten Menschen Deutschlands[94].

Dieses Bild der intakten Heimat ist es auch, das nach außen transportiert werden soll. Träger hierfür ist wiederum der Dialekt: So macht die Bank ING-Diba Werbung mit Basketballstar Dirk Nowitzki, der in dem Spot in die Metzgerei seines Heimatortes zurückkehrt[95]. Bodenständigkeit und Heimatgefühle werden durch den bairischen Dialekt des Spots unterstrichen – obwohl Nowitzki eigentlich aus dem fränkischen Würzburg kommt.

Doch überall da, wo Heimat und Identität auftauchen, existiert auch die Gegenseite – das Unbekannte, Fremde[96]. Eine Inklusion durch Dialekt bedeutet in vielen Fällen eine doppelte Exklusion: Zum einen die der „Anderssprachigen" im Dialektgebiet, zum anderen die Exklusion der Dialektsprecher außerhalb des eigenen Dialektgebiets. Beide Bereiche habe ich im Fragebogen berücksichtigt. Während ein grundsätzlicher Abgrenzungs-Willen seitens der Dialektsprecher verneint wurde und auch „Nicht-Sprecher" sich in Bayern nicht bewusst ausgegrenzt fühlten, findet eine Exklusion hier eher indirekt durch eine Art segregierende Inklusion statt[97]:

---

[93] Vgl. Morawetz u.a. (Projektgruppe): Fakten aus der Bayernstudie, 99.

[94] Vgl. Köcher, Renate/ Raffelhüschen, Bernd: Glücksatlas Deutschland 2011; (Platz 1: Hamburg, Platz 2: nördliches Niedersachsen).

[95] Werbespot (TV) ING-DiBa: Dirk Nowitzki in der Metzgerei, 2011.

[96] Vgl. Schumann: Heimat denken, 2.

[97] Vgl. Fragebogen extern [B202] und intern [A402].

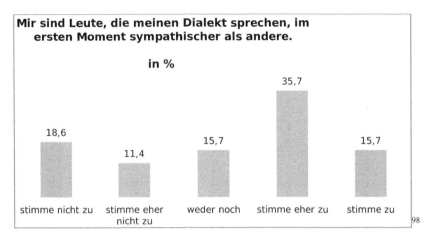

Mir sind Leute, die meinen Dialekt sprechen, im ersten Moment sympathischer als andere.

in %

Im bairischen Dialektgebiet stimmen dieser Aussage über 50% aller Befragten zu. Außerhalb sind es gerade einmal 32%[99]. Passend dazu ist folgende Aussage:

> [...] da ich eine mischung aus hochdeutsch, ruhrdeutsch, fränkisch und oberpfälzisch spreche. somit fühle ich mich in jeder gruppe wohl, die einen dieser dialekte spricht, werde selber aber nie als teil solcher angesehen. für norddeutsche spreche ich bairisch, für süddeutsche bin ich "a breiss".[100]

Dialekt kann also als exkludierendes Element in einer sozialen Gemeinschaft wirken. Besonders stark tritt dieser Aspekt in den Vordergrund, wenn die Hochsprache oder andere regionale Varietäten als Bedrohung des eigenen Dialekts und damit der eigenen Identität angesehen werden. So sorgte zu Beginn des Jahres 2012 eine Passauer Schulrektorin für Schlagzeilen, die das norddeutsche „Hallo" und „Tschüss" an ihrer Schule verbieten wollte, da diese Wendungen ihr unhöflich erschienen[101]. Die Meldung sorgte nur kurzfristig für Aufsehen, eine erneute Dialekt-Debatte setzte nicht ein. Kritik an der Maßnahme kam jedoch sowohl aus

---

[98] Fragebogen intern [A403].

[99] Vgl. Fragebogen extern [A403].

[100] Fragebogen extern [B401], Frau, 21, Nordrhein-Westfalen.

[101] Vgl. Kapitel 4.4.

dem Norden Deutschlands, wo beide Grußformeln gebräuchlich sind, als auch aus Bayern selbst[102].

Doch ebenso wie „fremde" Varietäten im bairischen Dialekt-Gebiet zum individuellen Nachteil ausgelegt werden können, verhält es sich mit dem Bairischen außerhalb Bayerns oder in einem Hochdeutsch geprägten Umfeld. Eine Befragte, die die Frage „Hat Ihr Dialekt Sie schon einmal in eine unangenehme oder problematische Situation gebracht?" bejahte, führte weiterhin aus: „In der Schule oder bei der Arbeit. Man wird ‚nachgeäfft' und dies führt zu einer unangenehmen Situation. Man wird wie bereits erwähnt, oft als ‚hinterwäldlerisch' bezeichnet."[103] Auch Übersetzungs- und Verständigungsprobleme wurden angeführt: „In einer Gruppe hatte ich ein Problem geschildert. Dieses wurde aufgrund meines Dialektes nicht verstanden. Ich hab versucht es mit Hochdeutsch den Personen näher zu bringen, konnte dies aber nicht."[104] Insgesamt ist die Rate derer, die aufgrund ihres Dialekts in eine Problemsituation geraten sind, jedoch eher gering: Nur etwa ein Viertel der Befragten hat besagte Frage mit „ja" beantwortet[105].

3.4 Zwischenfazit

Heimat war zunächst ein Rechtsbegriff und wurde dann zum Schlagwort. In den 1970er Jahren noch als „verstaubt" bezeichnet, erlebte er bald eine Renaissance, die bis heute anhält. Heimatkrimis und Serien wie „Dahoam is Dahoam" belegen diese Entwicklung. In der Wissenschaft versteht man unter Heimat den Raum, in dem „Identität als Übereinstimmung des Menschen mit sich und seiner Umgebung"[106] stattfindet. Diese Übereinstimmung findet sich z.B. in der Sprache wieder, in kleinräumiger Ausprägung als Dialekt der Region. In Bayern verbindet sich mit diesem Dialekt außerdem ein gewisser Regionalstolz, Heimat ist damit positiv besetzt und wird so auch nach außen transportiert, was u.a. durch die Werbung geschieht. Je enger der Bezug zur Sprache der eigenen Heimat, umso größer ist jedoch auch die Gefahr der Exklusion derjenigen, die sie nicht beherrschen. Aus den Fragebögen ergibt sich, dass die Dialektsprecher keine bewusste Abgrenzung anstreben, andere Dialektsprecher aber auf Anhieb positiver bewerten. In einem

---

[102] Vgl. Wolff, Verena: Kritik an „Tschüss-Verbot" an Passauer Schule. „Dann muss man ‚Servus' auch verbieten", in: Süddeutsche.de 06.02.2012 und Extra 3: Abgehakt. Die Woche aus Sicht der Nachrichten, in: NDR 08.02.2012.

[103] Fragebogen intern [A204/205], Frau, 25, Oberpfalz.

[104] Fragebogen intern [A205], Mann, 24, Niederbayern.

[105] Vgl. Fragebogen intern [A204].

[106] Bausinger: Heimat und Identität, 9.

Zuzugsland wie Bayern führt dieses Verhalten zu einer segregierenden Inklusion, die diejenigen, die den Dialekt der Region sprechen, gegenüber anderen bevorteilt. Heimat ist somit weniger ein geographischer als ein sozialer Raum, der sich nicht zuletzt über die Sprache wahlweise öffnet oder schließt.

4 Dialekt im Fokus der Bildung

Sprache und Dialekt sind nicht angeboren, sondern müssen erlernt werden. Die meisten Dialektsprecher kommen dabei auch mit Hochdeutsch in Kontakt – heute überwiegend durch Hörfunk und Fernsehen – und sind dadurch in der Lage, die Ausprägung ihrer regionalen Varietät je nach Situation anzupassen:

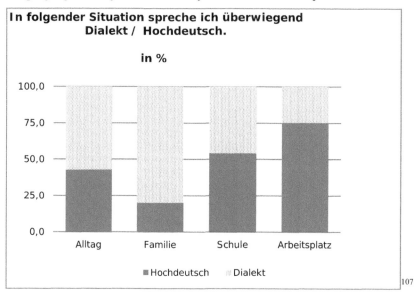

In folgender Situation spreche ich überwiegend Dialekt / Hochdeutsch.

107

Diese Anpassung ist in den meisten Fällen kein perfekter Sprachwechsel, sondern eine mehr oder weniger starke Variation der Aussprache.

Dialekt zu sprechen wurde lange mit mangelnder Bildung gleichgesetzt und sorgte so im schulischen Bereich über mehrere Jahrhunderte hinweg für Diskussionen. Die historische Entwicklung dieser Debatte und der heutige Umgang mit Dialekt im Unterricht sollen in diesem Kapitel untersucht werden.

---

[107] Fragebogen intern [A102 bis A105].

4.1 „nachlässige, träge und denkfaule Leute" – Pro und Contra bis zur Mitte des 20. Jahrhunderts

Der folgende Text von 1626 ist einer der ersten, der nicht nur die Existenz von Mundarten feststellt und sie der neuen Kultursprache Hochdeutsch unterordnet, sondern direkte Rückschlüsse auf die Intelligenz der Dialektsprecher zieht[108]:

> Der sechste ist der b a i r i s c h e, welcher in Bayern, Tyrol, Steiermark, Kärnthen, Oesterreich und nördlich von der Donau im Bistum Eichstätt und in der Oberpfalz gebräuchlich ist. Wenn ihn die Fremden nur hören, so schließen sie schon aus dem Ton und der langgezogenen Aussprache der Vocale auf nachlässige, träge und denkfaule Leute. Denn Zungenfertigkeit und gewandtes Sprechen gilt als Zeichen eines durchdringenden und lebhaften Geistes. Wer also zu faul ist, die übrigens keineswegs rauhen Consonanten ordentlich auszusprechen, oder daran sein Ergötzen findet, die Vocale mit so langgezogener Aussprache hervorzubringen, daß aus jedem einzelnen drei oder vier zu werden scheinen, wie die Bayern und Oesterreicher es thun [...]: so einer kommt den Italienern, Franzosen und anderen Leuten vor, als sei er im Lande der Ochsen und in der Stickluft aufgewachsen. Daß sie mit diesem Urtheil, wenigstens was das gemeine Volk betrifft, nicht so sehr fehlgehen, braucht man bloß an den Handwerksleuten wahrzunehmen, die diesen Dialekt vornehmlich reden, und die bekanntermaßen stumpfsinnig, faul und arbeitsscheu sind"[109].

Die Verbindung von mangelnder Bildung und deren Ausdruck in der stark regional geprägten Sprache der Landbevölkerung manifestierte sich zunehmend und blieb zu großen Teilen bis ins 20. Jahrhundert hinein bestehen[110]. Eine Diskussion über den Dialektgebrauch in der Schule war jedoch bis zum 17. Jahrhundert zunächst überflüssig, da die Fremdsprache Latein die allgemeingültige Wissenschaftssprache darstellte[111]. Erst als das Latein vom neuen Schriftdeutsch abgelöst wurde und im Zuge der Einführung der allgemeinen Schulpflicht kam das Problem des Dialektgebrauchs auch im Unterricht auf.

---

[108] Vgl. Knoop: Zur Geschichte der Dialektologie des Deutschen, 1.

[109] Caspar Scoppius: Consultatio de prudentiae et eloquentiae parandae modis in adolescentis cuiusdam Germani usum, [o.O.] 1626, zit. nach Socin, Adolf: Schriftsprache und Dialekte im Deutschen nach Zeugnissen alter und neuer Zeit, Heilbronn 1888, 326.

[110] Vgl. ebd., 2f.

[111] Vgl. Socin: Schriftsprache und Dialekte im Deutschen nach Zeugnissen alter und neuer Zeit, 356.

> Über weite Strecken der Schulgeschichte hin war die Frontstellung ein-
> deutig: Der Dialekt gehörte – wie das Nasebohren oder die nachlässige
> Körperhaltung – zu den Unarten, welche die Schüler mitbrachten, die
> ihnen aber möglichst schnell ausgetrieben werden sollten.[112]

Die vorrangige Aufgabe der Schule wurde auch im 19. Jahrhundert darin gesehen, den Dialekt, vergleichbar mit einer Muttersprache der Schüler, durch das kultivierte Hochdeutsch zu ersetzen: „Denn nicht die Mundart, die das Kind ohne Unterricht in seiner Familie erwirbt, sondern nur die Heranführung an das Verständnis oder auch an den Gebrauch der Schriftsprache kann Aufgabe der Schule sein."[113] Insofern ähnelte die Relation von Wissenschaftssprache und Alltagssprache der vor Einführung des Deutschen als Unterrichtssprache. So bezeichnete der Germanist Rudolf Hildebrand 1867 Hochdeutsch als „einem Dorfschullehrer […] sein Latein und er steht damit dem Deutsch, das seine Buben reden, in demselben überlegenen Hochgefühl gegenüber wie der Lateinlehrer früher seinen Elementarschülern."[114]

Obwohl in der übergeordneten Tendenz Dialekt in der Schule über die Jahrhunderte hinweg als negativ betrachtet wurde[115], gab es vereinzelt auch Strömungen, die den Dialekt zu schützen versuchten. Philologen schätzten die „Lebendigkeit" der Mundart und sahen in ihr die Basis, ohne die das Hochdeutsch nicht existieren kann[116]. So schrieb Johann Gottfried Herder 1803 im sechsten Band seiner Zeitschrift „Adrastea":

---

[112] Bausinger, Hermann: Dialekt als Unterrichtsgegenstand, in: Kremer, Ludger (Hrsg.): Niederdeutsch in der Schule. Beiträge zur regionalen Zweisprachigkeit, Münster 1989, 98.

[113] Rudolf von Raumer, zit. nach Socin: Schriftsprache und Dialekte im Deutschen nach Zeugnissen alter und neuer Zeit, 482.

[114] Hildebrand, Rudolf: Vom deutschen Sprachunterricht in der Schule und von deutscher Erziehung und Bildung überhaupt, Bad Heilbrunn [27]1962, 33.

[115] „Sie ist das größte Hinderniß, welches der Bildung des Volkes im Wege steht, und so lange nicht mit Fleiß an Verbesserung und Ausbildung der Sprache gedacht wird, hilft aller Unterricht wenig. Die Volkslehrer und Richter reden eine dem Volk fremde Sprache […]."
Lippischer Prediger von Cölln über die Sprache der Bauern 1784,
zit. nach: Niebaum, Hermann: Einführung in die Dialektologie des Deutschen, Tübingen 1983, 109.

[116] Vgl. Polenz, Peter von: Deutsche Sprachgeschichte vom Spätmittelalter bis in die Gegenwart, Bd. 3, Berlin 1999, 296f und Knoop: Zur Geschichte der Dialektologie des Deutschen, 5.

Welche Nation in Europa hat ihre Sprache wesentlich so verunstalten lassen als die Deutsche? Gehen Sie in die Zeiten der Minnesinger zurück, hören Sie noch jetzt den verschiedenen Klang der zumal west- und südlichen Dialekte Deutschlands, und blicken in unsere Büchersprache. Jene sanften und raschen An- und Ausklänge der Worte, jene Modulation der Übergänge, die den Sprechenden am stärksten charakterisieren; da wir Deutsche so wenig öffentlich und laut sprechen, sind sie in der Büchersprache verwischt [...].[117]

Er wendet sich damit, wie viele Schriftsteller dieser Zeit, gegen Sprachnormierer wie Gottsched oder Adelung, deren grammatische Regeln Eingang in die Lehrpläne der Schulen fanden, die aber auch immer wieder über das Ziel hinausschossen und eine umfassende Nivellierung der Sprache anstrebten[118].

In der Forschung dieser Zeit existierte aber auch eine Annahme, die dazu führte, dass sich viele erst gar nicht mit dem Thema Dialekt befassten: Die Theorie vom Dialektsterben kam zum ersten Mal während der Aufklärung auf und hielt sich seitdem hartnäckig[119]. In der Geschichte wurden immer wieder neue Gründe gefunden, die dafür sprachen, dass die Standardsprache die Dialekte bald völlig verdrängt haben würde. Zunächst war es die zunehmende Alphabetisierung und Bildung, bald die Industrialisierung und das Städtewachstum, schließlich die erhöhte Mobilität der Bevölkerung und zuletzt die Massenmedien[120]. Dialekt sei somit ein sich selbst lösendes Problem und brauche in Bildungsdebatten nicht berücksichtigt zu werden. Bis in die heutige Zeit ist das Aussterben der Dialekte eine Prophezeiung, die so lange besteht wie die wissenschaftliche Beschäftigung mit den Dialekten selbst und sich ebenso lange nicht bestätigt hat[121].

---

[117] Herder, Johann Gottfried: Briefe, den Charakter der Deutschen Sprache betreffend, in: Ders.: Adrastea, 6. Bd., Leipzig 1803, 187.
[118] Vgl. Polenz: Deutsche Sprachgeschichte vom Spätmittelalter bis in die Gegenwart, 296f und Knoop: Zur Geschichte der Dialektologie des Deutschen, 5.
[119] Vgl. Bausinger: Dialekt als Unterrichtsgegenstand, 104.
[120] Vgl. ebd., 104
und Besch, Werner: Entstehung und Ausprägung der binnensprachlichen Diglossie im Deutschen, 1404.
[121] Vgl. Niebaum: Einführung in die Dialektologie des Deutschen, S.105.

4.2 Von der Defizit-Hypothese Bernsteins zur Sprachbarrieren-diskussion

Gegen Ende der 1960er Jahre erreicht die Dialektkritik in der „Sprachbarrieren-diskussion" ihren vorläufigen Höhepunkt. Als ausschlaggebend hierfür werden die Forschungen des britischen Soziologen Basil Bernstein betrachtet[122]. Dieser analysierte die Sprache von Schulkindern unter der Berücksichtigung ihrer sozialen Herkunft und kam zu dem Ergebnis, dass verschiedene soziale Schichten sich unterschiedlicher sprachlicher Manifestationen, sogenannter „Codes" bedienen[123]. Dabei unterscheidet er zwischen einem „restringierten" und einem „elaborierten Code". Der restringierte Code zeichne sich u. a. durch kurze Sätze mit einfacher Struktur und einen begrenzten Wortschatz aus: *"How* things are said, *when* they are said, rather then what is said, becomes important. The intent of the listener is likely to be taken for granted. The meanings are likely to be concrete, descriptive or narrative rather than analytical or abstract."[124] Der elaborierte Code hingegen ist sowohl komplexer als auch abstrakter: "The preparation and delivery of relatively explicit meaning is the major function of this code."[125] Bernstein weist jedoch auch daraufhin, dass zwar – bezogen auf seine Untersuchungen – von der sozialen Schicht auf den Code geschlossen werden kann, der Umkehr-schluss aber nicht zwangsläufig richtig ist: „Restricted codes are not necessarily linked to a social class. They are used by all members of a society at some time"[126]. Genau dieser Umkehrschluss wurde aber in Deutschland vollzogen: Man setzte zunächst den restringierten Code der Arbeiterklasse mit den regionalen Varietäten gleich, aus Hochsprache und Soziolekt wurden Hochdeutsch und Dialekt. Dieser war nun zwangsläufig mit sozialer Unterlegenheit verbunden und durch-weg negativ konnotiert. Einem Kind, das Dialekt sprach, wurden intellektuelle

---

[122] Vgl. Schießl, Ludwig: Dialekt und Schule am Beginn des 21. Jahrhunderts. Anspruch und Wirklichkeit unter dem Aspekt neuerer wissenschaftlicher Erkenntnisse, in: Ferstl, Christian (Hrsg.): „Dem Dorfschullehrer sein neues Latein …". Beiträge zu Stellenwert und Bedeutung des Dialekts in Erziehung, Unterricht und Wissenschaft (Jahrbuch der Johann-Andreas-Schmeller-Gesellschaft), Regensburg 2009, 34.

[123] Vgl. König: dtv-Atlas Deutsche Sprache, 137.

[124] Bernstein, Basil: Class, Codes and Control. Theoretical studies towards a sociology of language, London 1977, 128.

[125] Ebd., 128.

[126] Ebd., 128.

und schulische Defizite unterstellt, wodurch die Forderungen nach einem kompensatorischen Sprachunterricht laut wurden[127].

> Die Überlegenheit der Einheitssprache erschöpft sich keineswegs in einem Vorurteil. [...] Die Didaktik, die auf die Dimension Dialekt – Einheitssprache zielt, kann folglich nicht nur im Abbau und Ausgleich von Vorurteilen gegenüber dem Unterschichtabzeichen des Dialekts bestehen; vielmehr muß sie die optimale Methode für die möglichst vollkommene Vermittlung der Einheitssprache in der Schule ausarbeiten.[128]

Von den positiven Seiten des Dialekts ist hier keine Rede mehr. Im Gegenteil, für den Mangel an didaktischen Konzepten zur Kompensation der defizitären Sprache der Schüler ist nach Ammon eine Sichtweise verantwortlich, die „eher positive Aspekte des Dialekts in den Vordergrund gestellt [hat], die kaum überzeugend begründet werden können"[129].

Doch diese Haltung der Wissenschaft hielt nicht lange vor. Noch in den 1970er Jahren wurde mit der weiteren Entwicklung der Soziolinguistik[130], die auf die Arbeiten Bernsteins zurückgeht, dem Dialekt wieder eine positivere Rolle im Zuge der schulischen Bildung beigemessen. So heißt es beispielsweise über die von den Germanisten Besch, Löffler und Reich 1976-1981 herausgegebenen „Sprachhefte für den Deutschunterricht":

> Es handelt sich also nicht um „Mundartpflege" in der Schule, aber ebensowenig besteht die Absicht, die Mundart abzuschaffen oder einzuschränken. Vielmehr soll aus pädagogischen und didaktischen Grün-

---

[127] Vgl. Oevermann, Ulrich: Sprache und soziale Herkunft. Ein Beitrag zur Analyse schichtenspezifischer Sozialisationsprozesse und ihrer Bedeutung für den Schulerfolg, in: Max-Planck-Institut für Bildungsforschung: Studien und Berichte 18, Berlin 1970, 239
und Schießl: Dialekt und Schule am Beginn des 21. Jahrhunderts, 34.

[128] Ammon, Ulrich: Dialekt, soziale Ungleichheit und Schule, Weinheim ²1973, 154.

[129] Ebd., 135.

[130] Die Soziolinguistik ist ein Teil der Sprachwissenschaft, die sich mit dem Zusammenhang von Sprache und sozialen Verhältnissen auseinandersetzt.
Vgl. Niebaum /Macha: Einführung in die Dialektologie des Deutschen, 162.

den die Ausgangssprache der Kinder angemessen berücksichtigt werden, „um ihnen eine sprachliche Entwicklung ohne Identitätsbrüche zu ermöglichen".[131]

Jedoch liegt auch innerhalb dieser Hefte der Fokus weiterhin auf dem Dialekt als defizitäres System gegenüber der Hochsprache. Zwar sollen die Lehrer für gewisse Fehler sensibilisiert werden und Schüler eine innere Mehrsprachigkeit erreichen, von der Hochsprache als übergeordnete „Zielsprache" wird jedoch nicht abgewichen[132].

4.3 Gegenwärtiger Umgang mit Dialekt im Unterricht

Um den Stand des Dialekts im Unterricht bewerten zu können, müssen verschiedene Sichtweisen in die Überlegung einbezogen werden. Vorrangig die des Kultusministeriums, das die Rahmenrichtlinien des Unterrichts festlegt, der Lehrer, die für die tatsächliche Unterrichtspraxis verantwortlich sind und die der Eltern, die ihre Kinder mit ihrer sprachlichen Erziehung auf den Schulbesuch vorbereiten.

Zunächst zum Kultusministerium. Dieses, bzw. das ihm untergeordnete Staatsinstitut für Schulqualität und Bildungsforschung (ISB), hat 2006 eine Handreichung für Lehrer an bayerischen Schulen herausgegeben, die sich mit dem Dialekt im Unterricht befasst. Ziel dieser Handreichung ist der „Aufbau von positiven Einstellungen zu Sprache und Dialekt" in Reaktion auf die „größtenteils irrige Auffassung vom Dialekt als Sprachbarriere"[133]. Neben grundsätzlichen historischen und linguistischen Informationen über die verschiedenen Dialekte Bayerns enthält die Handreichung außerdem konkrete Unterrichtsvorschläge und Arbeitsmaterialien[134]. Eine ähnliche Handreichung existiert vom Dialektinstitut Unterfranken,

---

[131] Benckiser, Nikolas: Dialekt und Hochdeutsch. Hilfen für Lehrer, in: Frankfurter Allgemeine Zeitung 07.07.1978, 23.

[132] Vgl. Wegera, Klaus-Peter: Probleme des Dialektsprechers beim Erwerb der deutschen Standardsprache, in: Besch, Werner u.a. (Hrsg.): Dialektologie. Ein Handbuch zur deutschen und allgemeinen Dialektforschung, Bd. 2, Berlin/New York 1983, 1488.
Während sich die äußere Mehrsprachigkeit auf das Beherrschen zweier oder mehrerer verschiedener Sprachen bezieht, meint die innere Mehrsprachigkeit die Varietäten-Kompetenz innerhalb einer Sprache.

[133] Hochholzer, Rupert: Dialekt und Schule. Vom Nutzen der Mehrsprachigkeit, in: Staatsinstitut für Schulqualität und Bildungsforschung (Hrsg.): Dialekte in Bayern. Handreichung für den Unterricht, München 2006, 76.

[134] Vgl. Staatsinstitut für Schulqualität und Bildungsforschung (Hrsg.): Dialekte in Bayern. Handreichung für den Unterricht, München 2006.

das seit 2007 als eine Art Serie herausgegeben wird. Hier beschäftigt man sich jedoch unter dem Stichwort „Dialekt und …" mit spezifischen Themen[135]. Auffällig ist, dass in der Handreichung des ISB neben der „Rehabilitierung" des Dialekts und der sachlichen Gegenüberstellung von Dialekt und Hochsprache wiederholt Abschnitte vorkommen, die den Dialekt als eigentliches, identitätsstiftendes Kulturgut Bayerns bestimmen und an die Moral der Leser appellieren:

> Daneben ergibt sich aus der weit über tausend Jahre alten Sprachkultur und Sprachgeschichte in Bayern die Verpflichtung, die nachfolgenden Generationen für den Wert dialektaler Sprache zu sensibilisieren und ihre identitätsstiftende Funktion zu erkennen, eine Verpflichtung, die auch in **Artikel 131** der **Bayerischen Verfassung** festgehalten wird.[136]

> Sprache ist also vielmehr als bloßes Kommunikationsmittel, Sprache ist vielmehr Ausdruck von Identität und vermittelt darüber hinaus das Gefühl der Zugehörigkeit zu einer Gruppe.[137]

> Es wäre zu wünschen, dass die nachfolgenden Generationen sich dieser Tradition nicht nur bewusst sind, sondern die sprachlichen Eigen- und Besonderheiten auch bewahren. Dazu soll die vorliegende Handreichung für die bayerischen Schulen ihren Beitrag leisten.[138]

Diese Argumentation verweist wiederum darauf, dass die Behandlung des Dialekts im Unterricht nicht ausschließlich wissenschaftlich motiviert ist, sondern immer auch eine, eng mit der eigenen Identität verknüpfte, emotionale Dimension besitzt. Das wiederum ist nicht auf Unwissenschaftlichkeit zurückzuführen, sondern auf die Funktion der Sprache an sich[139].

Insgesamt bemüht sich das Staatsministerium mit dieser Handreichung also um die stärkere Auseinandersetzung mit dem Dialekt im Unterricht. Daneben wird aber auch betont, dass man den Dialekt nicht zur neuen Standardsprache erheben will, sondern eine innere Mehrsprachigkeit der Schüler erhalten und gefördert

---

[135] Blidschun, Claudia u.a. (Hrsg.): Lehrerhandreichung „Dialekt und…", Würzburg 2007ff.

[136] Hochholzer: Dialekt und Schule, 76.

Artikel 131 der Verfassung des Freistaates Bayern, Absatz 3: „Die Schüler sind im Geiste der Demokratie, der Liebe zur bayerischen Heimat […] zu erziehen."

[137] Hochholzer: Sprache und Dialekt in Bayern, 61.

[138] Hochholzer: Sprache und Dialekt in Bayern, 74.

[139] Vgl. Kapitel 3.

werden soll[140]. Im Hinblick auf diese Zielsetzung wird die veraltete Sicht des Dialekts als Sprachbarriere kritisiert und darauf aufmerksam gemacht, dass viele Eltern trotz neuer wissenschaftlicher Erkenntnisse dieses Denken noch verinnerlicht hätten und ihren Kindern daher den Dialekt abzutrainieren versuchten[141]. Auch in der (übrigen) Forschung ist diese Meinung vorherrschend, besonders radikal formuliert sie Reinhard Wittmann:

> Mindestens zwei Elterngenerationen haben es versucht und großteils auch geschafft, ihren Kindern das natürliche Bairisch auszutreiben, in der festen Überzeugung von der Minderwertigkeit der Mundart als Hemmschwelle für sozialen Aufstieg.[142]

Um eine direkte Meinung der Eltern (auch der zukünftigen) zu erhalten, habe ich in meinem Fragebogen nach der sprachlichen Erziehung ihrer Kinder gefragt. Für die Regionen außerhalb Bayerns hat sich daraus ein Bild ergeben, dass sich überwiegend mit dem der Wissenschaftler deckt:

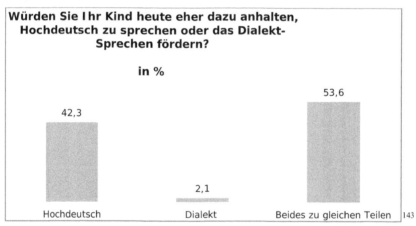

Würden Sie Ihr Kind heute eher dazu anhalten, Hochdeutsch zu sprechen oder das Dialekt-Sprechen fördern?

in %

Hochdeutsch	Dialekt	Beides zu gleichen Teilen
42,3	2,1	53,6

[143]

Nur ein geringer Prozentsatz der befragten Personen würde sein Kind gezielt zum Dialektsprechen ermuntern. Doch auch eine ausschließlich hochsprachliche Erziehung wird von nicht einmal der Hälfte der Befragten vertreten, eine knappe

---

[140] Vgl. Hochholzer: Dialekt und Schule, 77f.
[141] Vgl. ebd., 80.
[142] Wittmann, Reinhard: Sprach-Heimat und Heimat-Sprache. Glanz und Gefährdung der Mundart in Bayern, in: Bayerischer Verein für Heimatpflege e.V. (Hrsg.): Schönere Heimat. Erbe und Auftrag, Jg.94, H.3, München 2005, 181.
[143] Fragebogen extern [A106].

Mehrheit hingegen spricht sich für die mehrsprachige Erziehung aus. Die Antwort, das Hochdeutsch des Kindes zu fördern, wurde in vielen Fällen damit begründet, dass man in einer weitgehend dialektfreien Region lebe oder der Dialekt von selbst „hängen bleibe" und man das Kind nicht gezielt in diese Richtung erziehen müsse[144]. Andere Befragte räumen allerdings eine mögliche Sprachbarriere ein und begründen die hochsprachliche Erziehung mit besseren Erfolgschancen in Schule und Beruf[145].

In der bairischen Dialektregion lieferte die gleiche Frage jedoch ein etwas anderes Ergebnis:

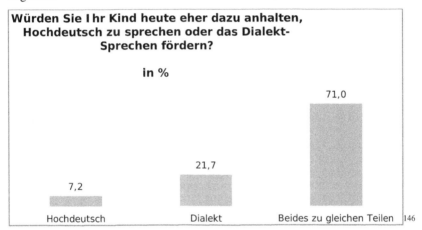

Würden Sie Ihr Kind heute eher dazu anhalten, Hochdeutsch zu sprechen oder das Dialekt-Sprechen fördern?

in %

Hochdeutsch	Dialekt	Beides zu gleichen Teilen
7,2	21,7	71,0

[146]

Während auch hier die Mehrheit eine innere Mehrsprachigkeit des Kindes fördern würde, sind die Rangfolgen von Dialekt und Hochdeutsch im Gegensatz zu der externen Befragung vertauscht. Nur wenige der Befragten würden demnach zu Hause auf den Standard bestehen und so dem Kind den Dialekt „austreiben", wie Wittmann es formulierte. Die Offenheit der Eltern gegenüber dem Dialekt ist heute also wesentlich größer als zunächst vermutet. Die Sprachbarriere spielt, vor allem in stark dialektal geprägten Gebieten wie Altbayern, nur noch eine untergeordnete Rolle. Keine der befragten Personen, die die Alternative „Hochdeutsch" wählte, gab in der folgenden Erklärung an, dies aus Gründen der Bildung zu tun.

---

[144] Vgl. Fragebogen extern [A107], z.B. Frau, 26, Niedersachsen [104]; Mann, 31, Nordrhein-Westfalen [354]; Mann, 52, Niedersachsen [363].

[145] Vgl. Fragebogen extern [A107], z.B. Frau, 26, Niedersachsen [140]; Mann, 21, Franken [178]; Mann, 23, Niedersachsen [336].

[146] Fragebogen intern [A106].

Dieses Ergebnis deckt sich mit der Vermutung des Germanisten Alfred Wildfeuer, der Dialekt sei „seit einigen Jahren wieder ‚in' wobei man an dieser Stelle anmerken muss, dass er in Bayern, u.a. bedingt durch die hohen relativen Sprecherzahlen, nie richtig ‚out' war."[147]

Die Einstellung der Forschung gegenüber Dialekt und Bildung hat sich seit der Sprachbarrierendiskussion der 1960er und 70er Jahre bis heute zum Teil um 180 Grad gewendet. Wurde damals der Dialekt für schulisches Versagen, Rechtschreibprobleme und Ausdrucksschwierigkeiten angesehen, ist er heute das genaue Gegenteil. Dialekt ist unabdingbar für eine innere Mehrsprachigkeit der Kinder, und diese sei „nach dem gegenwärtigen Stand der Spracherwerbsforschung"[148] die Basis für eine höhere sprachliche Intelligenz. Jedoch überwiegen Forschungsmeinungen, die die Defizit-Hypothese der regionalen Varietäten lediglich nivellieren und dialektsprechende Kinder auf eine Stufe mit hochsprachlichen Kindern stellen, ohne die eine oder andere Variante zu überhöhen[149]. Wie bei der äußeren wird allerdings auch im Zuge der inneren Mehrsprachigkeit darauf hingewiesen, dass es wichtig ist, beide „Sprachen" zu beherrschen und sie vor allem situationsgerecht einsetzen zu können[150]. In den aktuellen Lehrplänen der bayerischen Schulen wird dies vor allem in der Grundschule berücksichtigt. In den Jahrgangsstufen 1 und 2 sollen die Kinder noch dazu angehalten werden, in ihrer je-

---

[147] Wildfeuer, Alfred: Mehrsprachigkeit und Deutschunterricht - Die Entwicklung von Sprachaufmerksamkeit und Sprachverwendungskompetenz als Lehr- und Lernziele, in: Ferstl, Christian (Hrsg.): „Dem Dorfschullehrer sein neues Latein …". Beiträge zu Stellenwert und Bedeutung des Dialekts in Erziehung, Unterricht und Wissenschaft (Jahrbuch der Johann-Andreas-Schmeller Gesellschaft), Regensburg 2009, 62.
[148] Hochholzer: Dialekt und Schule, 81.
Vgl. außerdem Müller, Emilia: 37. Bayerischer Nordgautag unter dem Leitthema „Stiftland - Egerland
- Kulturland", in: Ferstl, Christian (Hrsg.): „Dem Dorfschullehrer sein neues Latein …". Beiträge zu Stellenwert und Bedeutung des Dialekts in Erziehung, Unterricht und Wissenschaft (Jahrbuch der Johann-Andreas-Schmeller-Gesellschaft), Regensburg 2009, 11.
(Anzumerken ist, dass bei Aussagen dieser Art nur selten eine Quelle genannt wird, oft stützt man sich auf das bessere Abschneiden der südlichen Bundesländer bei der PISA-Studie.)
[149] Vgl. Ferstl, Christian: Dialektgebrauch und Dialektliteratur im Deutschunterricht der gymnasialen Mittelstufe, in: Ders. (Hrsg.): „Dem Dorfschullehrer sein neues Latein …". Beiträge zu Stellenwert und Bedeutung des Dialekts in Erziehung, Unterricht und Wissenschaft (Jahrbuch der Johann-Andreas-Schmeller-Gesellschaft), Regensburg 2009, 118.
[150] Vgl. ebd., 118 und Eßer, Paul: Dialekt und Identität. Diglottale Sozialisation und Identitätsbildung, Frankfurt am Main 1983, 203.

weiligen Mundart zu sprechen, zunehmend aber an die Standardsprache herangeführt werden[151]. In der Jahrgangsstufe 3 ist dann bereits als Lernziel „Mundart und Standardsprache situationsbezogen verwenden"[152] vorgegeben und in Jahrgangsstufe 4 entwickeln die Kinder „ihre persönliche Sprach- und Sprechfähigkeit weiter und verwenden situationsgerecht Umgangssprache, Mundart und Standardsprache"[153]. Die Kinder werden also nicht dazu gebracht, ihren Dialekt abzulegen, sondern lernen die Unterschiede und Verwendungsmöglichkeiten beider Varietäten kennen. Diese Fähigkeit sollte im neunjährigen Gymnasium (Lehrplan von 1990) in jeder Jahrgangsstufe weiterentwickelt werden – im Lehrplan verankert unter „Mündlicher Sprachgebrauch"[154]. In der Jahrgangsstufe 9 war dann unter dem Punkt „Sprachlehre" noch zusätzlich die metasprachliche Betrachtung der verschiedenen Sprachebenen vorgesehen[155]. Im neuen Lehrplan für das achtjährige Gymnasium in Bayern wird die Betrachtung der Mundart reduziert, nur noch in der Jahrgangsstufe 8 setzt man sich laut Lehrplan mit dem Dialekt auseinander: „Untersuchen der Merkmale und Leistungen von Mundart: regionale Besonderheiten erkennen, Mundartliteratur kennenlernen."[156] Im Fazit seiner Untersuchung „Dialekt und Lehrplan" der Handreichung des Kultusministeriums Bayern wünscht sich Ulrich Kanz daher „im Sinne einer ganzheitlichen sprachlichen Erziehung und Bildung der Kinder" eine stärkere Einbeziehung mundartlicher Themen in die Lehrpläne[157] und auch Christian Ferstl kommt zu dem Ergebnis, dass „sich auf diesem Gebiet trotz des mittlerweile in der Wissenschaft auf breiter Basis erfolgten Gesinnungswandels zugunsten der Pflege des Dialekts [...] bis in die Gegenwart herein im Schulalltag wenig verändert"[158] hat.

---

[151] Vgl. Staatsinstitut für Schulqualität und Bildungsforschung: Grundschullehrplan Jgst. 1-2, München 2000, 76.

[152] Ebd.: Grundschullehrplan Jgst. 3, München 2000, 173.

[153] Ebd.: Grundschullehrplan Jgst. 4, München 2000, 246.

[154] Ebd.: Rahmenpläne Gymnasium G9, München 1990, Lehrplan Deutsch Jgst. 5-8.

[155] Vgl. ebd., Lehrplan Deutsch Jgst. 9.

[156] Ebd.: Lehrplan Gymnasium G8, Jgst. 8, München 2004, Fach Deutsch.
Vgl. auch die Betrachtung der verschiedenen Lehrpläne bei Ferstl: Dialektgebrauch und Dialektliteratur im Deutschunterricht der gymnasialen Mittelstufe, 121ff.

[157] Vgl. Kanz, Ulrich: Dialekt und Lehrplan. Ein Überblick, in: Staatsinstitut für Schulqualität und Bildungsforschung (Hrsg.): Dialekte in Bayern. Handreichung für den Unterricht, München 2006, 88.

[158] Ferstl: Dialektgebrauch und Dialektliteratur im Deutschunterricht der gymnasialen Mittelstufe, 119.

Dennoch, auch wenn im Lehrplan nicht explizit von Mundart die Rede ist, besteht im Rahmen bestimmter übergeordneter Themen für Lehrer die Möglichkeit, eine Stunde zu halten, in der sich die Klasse mit dem Dialekt beschäftigt. Doch wollen die Lehrer das überhaupt? Unter anderem mit dieser Frage setzte sich Rupert Hochholzer auseinander und führte Umfragen unter Deutschlehrern in verschiedenen Bundesländern durch.

Für Bayern kam er dabei zu dem Ergebnis, dass über 90% der Deutschlehrer – vor allem aufgrund der eigenen Mundart – mittlerweile Dialekt im Unterricht seitens der Schüler zulassen, gezielt behandelt wird das Thema auf sprachwissenschaftlicher Ebene jedoch nur von etwa der Hälfte[159]. Hochholzer gibt als Grund hierfür das oft noch mangelnde Meta-Wissen der Lehrkräfte über den Dialekt an und fordert eine verbesserte Ausbildung auf diesem Gebiet[160]. Die größte Rolle kommt dem Dialekt auch in der Schule durch seine expressive und distanzverringernde Ebene in privaten Gesprächen, bei Lob und Tadel und im Zwiegespräch zwischen Lehrer und Schüler zu[161].

Auch die Presse hat sich in den letzten Jahren immer wieder mit dem Thema Dialekt und Schule beschäftigt. Insgesamt sind dabei zwei mehr oder weniger gegenläufige Tendenzen zu erkennen: Die eine Seite, repräsentiert vor allem durch Sprachforscher und Philologen, vertritt die These „Schlauer durch Dialekt"[162]. Inwiefern sich der Dialekt genau auf die Intelligenz der Schüler auswirkt, ist vielfältig begründet – u.a. „trainiert die Auffassungsgabe und das abstrakte Denken"[163], oder „fördert das Sprachbewusstsein insgesamt"[164] – auf konkrete wissenschaftliche Studien bezieht man sich dabei nicht. Im Vordergrund steht die Förderung und Erhaltung des Dialekts seitens der Schulen, ein Münchner Professor fordert beispielsweise die Einführung eines eigenen Unterrichtsfaches „Heimatsprache"[165], auch das Kultusministerium Bayerns bezieht hier klar Position: „Die

---

[159] Vgl. Hochholzer, Rupert: Konfliktfeld Dialekt. Das Verhältnis von Deutschlehrerinnen und Deutschlehrern zu Sprache und ihren regionalen Varietäten, Regensburg 2004, 237f. und 268ff.

[160] Vgl. Hochholzer, Rupert: Einstellungen zu Dialekt und Konzeption von Sprache bei Deutschlehrerinnen und Deutschlehrern, in: Heimatkundlicher Arbeitskreis e.V. (Hrsg.): Oberviechtacher Heimatkundliche Beiträge, Bd. 6, Oberviechtach 2003, 101ff.

[161] Vgl. Hochholzer: Konfliktfeld Dialekt, 207f.

[162] [o. Verf.]: Deutschunterricht. Schlauer durch Dialekt, in: SchulSpiegel 2.01.2006.

[163] Kratzer, Hans: Dialekt macht schlau, in: Süddeutsche Zeitung, 18.07.2005.

[164] Mühleisen, Stefan: „Bairisch ist förderlich für Kinder", in: Merkur-online 27.03.2010.

[165] Vgl. [o. Verf.]: Deutschunterricht. Schlauer durch Dialekt.

Mundart ist doch ein unverzichtbarer Teil der Sprachkultur einer großen Zahl unserer Schüler. [...] Sie trägt zu ihrer bayerischen Identität bei"[166]. In Lokalzeitungen im Dialektgebiet geht man teilweise noch einen Schritt weiter und mindert die Bedeutung der Standardsprache gegenüber der des Dialekts:

> Wenn man dann in der Schule gar noch die These vertritt „Dialekt ist minderwertig", sei das der falsche Weg. „Standarddeutsch" werde zwar gelegentlich gebraucht, um sich mit „Anderen" zu [sic!] unmissverständlich auszutauschen, sei aber keinesfalls zwingend notwendig.[167]

Auf der anderen Seite wird jedoch immer wieder darauf hingewiesen, dass die ausschließliche Beherrschung des Dialekts eher eine Hürde als ein Bonus ist und nur die Möglichkeit des bewussten Varietätenwechsels zwischen Hochdeutsch und Dialekt wirkliche Vorteile bietet[168]. Speziell am Gymnasium werde die Sprache komplexer und Hochdeutsch wegen der Exaktheit der wissenschaftlichen Begriffe unvermeidlich[169]. Gerade der Präsident des Bayerischen Lehrerinnen- und Lehrerverbands sieht eine standardsprachliche Inkompetenz der Schüler als Problem – nicht zuletzt für die Lehrer, die nicht immer aus der Region stammen, in der sie später unterrichten und keinen vollwertigen Unterricht halten können, wenn sie ihre Schüler nicht verstehen[170].

4.4 Zwischenfazit

Das Thema Dialekt im Unterricht hat im Laufe der Geschichte des Dialekts immer wieder Beachtung gefunden. Wurde er im 17. und 18. Jahrhundert noch größtenteils kategorisch abgelehnt, kam diese Einstellung im 19. Jahrhundert ins Wanken. Zunehmend fanden sich – wenn auch aus verschiedenen Gründen – Befürworter des Dialekts. Diese positive Bewertung erfuhr ab den 60er Jahren des 20. Jahrhunderts einen entscheidenden Einschnitt: Die Arbeiten des Engländers Basil Bernstein wurden eins zu eins auf die Dialektsituation Deutschlands übertragen

---

[166] Ministeriumssprecherin Nicole Steinbach, zit. nach Geiger, Raphael: Bloß nicht nach Niederbayern!, in: SchulSpiegel, 14.08.2009.

[167] Landshuter Zeitung, Bericht über den Vortrag „Mein Dialekt – mein Stolz" von Christian Tremmel, Bayerischer Rundfunk, 5.03.2012, 18.

[168] Vgl. [o. Verf.]: Deutschunterricht. Schlauer durch Dialekt und Mühleisen: „Bairisch ist förderlich für Kinder".

[169] Vgl. Schießl: Dialekt und Schule am Beginn des 21. Jahrhunderts, 40.

[170] Vgl. Geiger: Bloß nicht nach Niederbayern!.

und der Dialekt so als restringierter Code und damit minderwertige Sprachform bewertet, die Schülern mögliche Bildungschancen nimmt. Diese Defizit-Hypothese mündete im Zuge der Sprachbarrierendiskussion in die Forderung nach einem kompensatorischen Sprachunterricht für dialektsprechende Kinder, um ihre Chancen denen ihrer standardsprachlichen Mitschüler anzupassen. Doch bereits im Laufe der 1970er Jahre und dann vor allem in den 80er Jahren wurden entsprechende Thesen widerlegt und der Dialekt erlebte eine Renaissance, die bis heute anhält. Dennoch stehen sich auch heute noch verschiedene Meinungen zu dem Thema gegenüber: Wissenschaftler befürworten den Gebrauch des Dialekts im Unterricht, fordern aber vor allem auch eine Auseinandersetzung auf der Meta-Ebene und stellen hierfür Unterrichtsentwürfe zusammen. Das bayerische Kultusministerium hat diesen Forderungen zwar in den Lehrplänen von 1990 Rechnung getragen, im neuen G8 Lehrplan für Gymnasien taucht das Thema Dialekt jedoch nur am Rande auf. Es bleibt den Lehrern weitestgehend selbst überlassen, wie sie den Dialekt im Unterricht handhaben, sowohl als Thema als auch als Sprachform. Den Eltern wird oft unterstellt, noch die Ansichten der 70er Jahre vor Augen zu haben und ihren Kindern, sobald diese ins schulfähige Alter kommen, den Dialekt abzugewöhnen versuchen. Für Altbayern scheint dies jedoch – zumindest in der Tendenz – nicht mehr der Fall zu sein, wie die Auswertung des Fragebogens ergeben hat. Bei vielen positiven Stimmen zum Dialektsprechen schwingt jedoch oft noch eine verteidigende Haltung mit, die dazu führt, dass zwar der Dialekt selbst von seinem defizitären Charakter freigesprochen wird, aber nur selten erwähnt wird, wie wichtig trotz allem die gleichzeitige Beherrschung der Standardsprache und die Möglichkeit des Wechsels zwischen diesen beiden Varietäten ist. Dialekt ist nicht nur selbst eine eher expressive Varietät, auch das Sprechen über den Dialekt ist häufig emotional geprägt[171].

---

[171] Vgl. Berlinger, Joseph: Dialektologen als Dialektideologen, in: Greule, Albrecht/Hochholzer, Rupert/Wildfeuer, Alfred (Hrsg.): Die bairische Sprache. Studien zu ihrer Geographie, Grammatik, Lexik und Pragmatik. Festschrift für Ludwig Zehetner, Regensburg 2004, 195-200.

4.5 Eine aktuelle Debatte – „Hallo" und „Tschüss" in Niederbayern

Anfang des Jahres 2012 geriet eine Passauer Schulrektorin in die Schlagzeilen, die an ihrer Schule Schilder mit folgendem Inhalt aufhängen ließ:

> „Hallo" und „Tschüss" finden wir in St. Nikola „uncool"!!
>
> Liebe Gäste,
>
> bitte beachten Sie, dass unsere Schule St. Nikola eine „Hallo- und tschüssfreie Zone" ist.
>
> Wir bemühen uns, ohne diese beiden Grußformeln in unserem Haus auszukommen.
>
> Über ein „Grüß Gott" und ein freundliches „Auf Wiedersehen" freuen wir uns jedoch jederzeit.
>
> Herzlichen Dank![172]

Zunächst gab daraufhin Anfang Februar die Deutsche Presse-Agentur (dpa) eine Meldung heraus, die sich kontrovers mit dem Thema beschäftigte und mehrere Stimmen zu Wort kommen ließ[173]. Als Ziel der Rektorin wurde darin das Erreichen besserer Umgangsformen seitens der Schüler genannt, vor allem auch in Bezug auf spätere Vorstellungsgespräche. Zustimmung erhielt sie in diesem Bestreben vom Sprecher des bayerischen Kultusministeriums, Ludwig Unger, und dem Präsidenten des Bayerischen Lehrerverbands, Klaus Wenzel. Beide wiesen jedoch darauf hin, dass eine Beschäftigung mit dem Thema im Unterricht pädagogisch sinnvoller sei als ein Verbot. Die Schüler müssten verstehen, worum es gehe. Auch Max Schmidt, der Vorsitzende des Bayerischen Philologenverbands begrüße grundsätzlich das Bestreben, den Schülern mehr Höflichkeit beizubringen. Auf Ablehnung stößt das Verbot allerdings bei den Schülern. Der Vorsitzende des Landesschülerverbands, Martin Zelenka, fürchtet eine weitere Entfremdung von Lehrern und Schülern.

Interessant ist, dass es der Rektorin dabei eigentlich gar nicht um den Dialekt als solchen geht, dieser aber in verschiedenen Artikeln immer wieder thematisiert wird[174]. Auch in der dpa-Meldung wird auf die Aktion „Tschüss-freie Zone" des

---

[172] [o. Verf.]: Passau: Schule verbannt 'Hallo' und 'Tschüss', in: RTL Aktuell 6.02.2012.

[173] Cornelius, Christine: Passauer Schule wird zur "Tschüss-freien Zone". Initiative gegen norddeutsche Grußformeln, in: Süddeutsche.de, 5.02.2012
und dies.: Bayerische Grußformeln. Passauer Schulleiterin verbannt "Tschüs", in: SchulSpiegel, 5.02.2012.

[174] Vgl. z.B. Sick, Bastian: In München sagt man „Ciao!". Zwiebelfisch, in: Spiegel Online, 8.02.2012

Dialektpflegers Hans Triebel verwiesen, der 2006 mit Verbotsschildern in einem bayerischen Ort auf das Aussterben des Dialekts satirisch hinweisen wollte[175].

Außerhalb Bayerns entwickelten sich in der Presse verschiedene Meinungen zu dem Thema, die wiederum mit dem Bezug zusammenhängen. Von der Frankfurter Allgemeinen Zeitung als reine Höflichkeits-Debatte gesehen, erhielt die Aktion der Passauer Rektorin Zustimmung[176]. Die BILD-Zeitung ließ vor allem ihre Leser zu Wort kommen und kam zu dem Ergebnis „Pro und Kontra halten sich die Waage"[177]. Eine Abstimmung, die einen Tag zuvor gestartet wurde, zeigt aber bis heute, dass 85% der Leser die Aktion in Passau für überzogen halten[178]. Bastian Sick bezieht sich in seiner Kolumne „Zwiebelfisch" (Spiegel-online) auf die Ebene des Dialekts: Es rufe „die Begründung, ‚tschüs' sei ‚unbayerisch', unangenehme Erinnerungen wach an Zeiten, in denen alles verboten wurde, was ‚undeutsch' war."[179] Auch und vor allem in der Heimatstadt des „Tschüss-Verbots" und deren Regionalzeitung Passauer Neue Presse üben die Leser Kritik, „die Mehrheit kann Seiberts [Anm.: Name der Rektorin] Aktion nicht nachvollziehen." [180].

Während sich in der Presse also vor allem die Bayern selbst über das Verbot ärgern, ist die Darstellung in Fernsehbeiträgen eher gegenteilig. Hier ist es der Süden, der die Erziehung der Kinder in Sachen Höflichkeit begrüßt und fördert und der Norden, der sich über die vermeintlich konservative Haltung empört[181].

Doch immer ist in dieser Debatte – unabhängig vom Medium – die Ebene der Argumentation das Problem. So zitiert auch die Süddeutsche Zeitung Reinhard Wittmann:

---

und Kratzer, Hans: Hallo, Pfiati – und Tschüss, in: Süddeutsche.de, 7.02.2012.

[175] Vgl. Kratzer: Hallo, Pfiati – und Tschüss.

[176] Vgl. Schäfer, Albert: Hallo ist grußlig, in: Frankfurter Allgemeine Zeitung 7.02.2012.

[177] [o. Verf.]: „Tschüss"-Verbot regt Eltern auf! Das denken die BILD-Leser über den Vorstoß einer Schulleiterin, in: BILD.de 6.02.2012.

[178] Vgl. Grothmann, Oliver: Diese Schulleiterin verbietet „Tschüss" und „Hallo", in: Bild.de 5.02.2012, Stand der Stimmen: 21.738.

[179] Sick: In München sagt man „Ciao!".

[180] Bettina Sedlmeier, Bettina: Heiße Diskussion zur "Hallo und Tschüss-freien Schule", in: Passauer Neue Presse 9.02.2012.

[181] Vgl. Jordan, Frank: "Tschüss"-Sagen verboten?, in: BR Abendschau 6.02.2012 und Extra 3: Abgehakt. Die Woche aus Sicht der Nachrichten, in: NDR 08.02.2012.

> „Ihr [Anm.: Rektorin Seiberts] Anliegen ist ja nicht die Bewahrung des Dialekts, sondern ihr geht es um Höflichkeit und Umgangsformen." Aus dem norddeutschen Dialektwort Tschüss sei ein Soziolektwort geworden, sagt Wittmann.[182]

Die Passauer Rektorin bezieht sich also auf „Hallo" und „Tschüss" als Wörter des Soziolekts, der die Sprachform einer bestimmten sozialen Gruppe ist. Viele der Kritiker jedoch berufen sich auf die Ebene des Dialekts, also einer regionalen Sprachform. Eine daraus entstehende Debatte bringt somit Argumente hervor, die zwangsläufig aneinander vorbei laufen. Die Diskussion war dann auch ähnlich schnell aus den Medien verschwunden wie sie Anfang Februar 2012 aufgetauchte – weitgehend ergebnislos.

---

[182] Kratzer: Hallo, Pfiati – und Tschüss.

5 Bairisch in den Medien

Die Medien sind eines der wichtigsten Instrumente zur Verbreitung von Sprache. Der Buchdruck ermöglichte eine einheitliche, geschriebene Standardsprache, mit dem Radio kam das gesprochene Hochdeutsch auch in die entlegensten Winkel des Landes und im Internet entwickelte sich mit all seinen Abkürzungen und Smileys eine ganz eigene Sprache. Doch wie steht es um den Dialekt in den Medien? Wird er auch hier als Nischen-Sprache erhalten oder wurde er zugunsten der allgemeinen Verständlichkeit aus dem kulturellen Leben „wegrationalisiert"? Aufgeteilt nach verschiedenen Medien-Typen soll in diesem Kapitel untersucht werden, welche Funktion Bairisch in den Medien hat, da diese eine nicht unerhebliche Rolle für die Verbreitung und Bewertung eines Dialekts spielen.

5.1 TV und Kino

> Insgesamt ist der Dialekt im Fernsehen weniger zu finden, weil man in größeren, Dialektgrenzen überschreitenden Räumen präsent ist, bzw. sein will [...]. Vielleicht wird die in den letzten Jahren geforderte und diskutierte stärkere Regionalisierung des Fernsehens neben dem Rundfunk hier eine Wendung bringen.[183]

Dieses Zitat des Medienwissenschaftlers Erich Straßner stammt aus dem Jahr 1983. Auch zwanzig Jahre später scheint sich an diesem Umstand nicht viel geändert zu haben, denn „insgesamt kommt Mundart im Fernsehen [...] nicht vor"[184]. In der Gegenwart, wiederum knapp zehn Jahre später, sieht es da etwas anders aus. Gerade das Bairische ist im Fernsehen durchaus präsent. Den größten Anteil hieran hat der Bayerische Rundfunk (BR). Als Regionalsender will er sich „zukunftsorientiert, weltoffen, heimatverbunden und sympathisch"[185] zeigen und drückt gerade die Heimatverbundenheit im Dialekt aus: Seit 2011 gibt es eine Imagekampagne des Senders, in der sich Personen aus Bayern in kurzen Trailern

---

[183] Straßner, Erich: Rolle und Ausmaß dialektalen Sprachgebrauchs in den Massenmedien und in der Werbung, in: Besch, Werner u.a. (Hrsg.): Dialektologie. Ein Handbuch zur deutschen und allgemeinen Dialektforschung, Bd. 2, Berlin/New York 1983, 1521.

[184] Niebaum/Macha: Einführung in die Dialektologie des Deutschen, 214.

[185] [o. Verf.]: Die TV-Programme. Bayern im Bilde, in: br.de 17.05.2010.

vorstellen und mit dem Satz „Ich bin der [Name] und da bin ich daheim" schließen. Dieser Satz wird dabei immer im jeweiligen Dialekt seiner Heimat-Region gesprochen[186].

Heimatnähe ist auch das Konzept der täglichen Vorabendserie „Dahoam is Dahoam", die seit 2007 auf dem BR ausgestrahlt wird. Die Serie erfreut sich von Beginn an großer Beliebtheit, die Marktanteile liegen regelmäßig über dem Senderschnitt – und auch außerhalb Bayerns gibt es Zuschauer[187]. Doch im Gegensatz zu früheren Eigenproduktionen, wie den Serien „Cafe Meineid" oder „Irgendwie und Sowieso"[188], die aufgrund der regionalen Mundart mittlerweile Kultstatus erreicht haben, ist „Dahoam is Dahoam" nicht unumstritten. Grund dafür ist der Dialekt der Schauspieler. Dieser ist in einigen Fällen nicht „natürlich", sondern antrainiert. Der Dialekt-Trainer der Serie selbst, Bernhard Stör, spricht allerdings von „Käferzelt-Chinesisch" und mäßigem Erfolg: „beinahe in jedem zweiten Satz der Serie ist der Wurm drin!"[189]. Jedoch beschränkt er diese Kritik auf die Artikulation der Schauspieler. In einem früheren Interview hatte Stör die Serie bereits gegenüber dem Förderverein Bairische Sprache und Dialekte (FBSD) verteidigt, der sich über Sprachfehler und Fehlbesetzungen innerhalb der Serie ärgerte[190]. Sowohl Stör als auch der Produzent von „Dahoam is Dahoam", Markus Schmidt-Märkl, verweisen auf die gewollte „Abmilderung" des Dialekts. Zuschauer aus ganz Bayern und auch Zugezogene sollen so die in Oberbayern spielende Serie besser verstehen können[191]. Als Reaktion auf die Kritik des FBSD fand außerdem im Jahr 2008 ein Gespräch am runden Tisch mit allen Beteiligten statt, in dem

---

[186] Vgl. Da bin ich daheim: Petra – Die Verwaltungsangestellte, in Bayerisches Fernsehen 20.01.2012,
Da bin ich daheim: Sandra – Die Bäckereifachangestellte, in Bayerisches Fernsehen 16.01.2012
und Da bin ich daheim: Adi – Der Land- und Forstwirt, in Bayerisches Fernsehen 26.01.2012.
[187] Vgl. Grzeschik: Quotencheck „Dahoam is dahoam" und Gangloff, Tilmann: Lieb und teuer. Quote im Dritten, in: Frankfurter Rundschau 5.05.2010.
[188] Vgl. Bayerisches Fernsehen: Franz Xaver Bogner. Eine Erfolgsgeschichte ohne Ende, in: br.de 28.09.2011.
[189] Alwardt, Ines: „Käferzelt-Chinesisch". Sprachtrainer von „Dahoam is Dahoam", in: Süddeutsche.de 13.10.2008.
[190] Vgl. [IW:] Wie bairisch redet man dahoam? Dialektpfleger werfen der BR-Seifenoper „ärgerliche Sprachfehler" vor, in: tz 1.12.2007.
[191] Vgl. [IW:] „So redet doch kaum ein Bayer mehr!". Münchner Dialektforscher ist sauer über die Kritik an der BR-Serie „Dahoam", in: tz 3.12.2007.

man sich darauf einigte, im Zusammenhang mit der Serie in Zukunft mehr auf die Mundart zu achten[192]; daraufhin nahmen auch die Diskussionen merklich ab.

Eine weitere Serie, in der das Bairische deutlich überwiegt, ist die Krimireihe „München 7", von der die ARD seit März 2012 neue Folgen zeigt, nachdem sie bereits von 2003 bis 2006 im BR ausgestrahlt wurde[193]. Obwohl hier der Dialekt authentisch klingt und kaum zur besseren Verständlichkeit „verhochdeutscht" wurde, kamen über 70% der Zuschauer der ersten Folge nicht aus Bayern[194].

Neben diesen rein dialektalen Beiträgen gibt es im deutschen Fernsehen verschiedene andere Produktionen, in denen der bairische Dialekt bewusst eingesetzt wird. Das wohl prominenteste Beispiel ist der Münchener „Tatort" in der ARD. Wie auch in anderen „Tatort"-Reihen sind es hier vor allem die einheimischen Nebendarsteller und weniger die Kommissare, die den Dialekt sprechen und so die Serie „regionalisieren". Dadurch wird die Serie überregional zugänglich, bestimmte Schauplätze und der stellenweise eingestreute Dialekt sorgen jedoch für das nötige Lokalkolorit der jeweiligen Region. Auch die ZDF-Serie „Rosenheim-Cops", die im oberbayerischen Rosenheim spielt, funktioniert nach einem ähnlichen Schema.

Auffällig ist, dass außerhalb des BR, wo der Dialekt mittlerweile zumindest als leichter Akzent omnipräsent ist, vor allem Krimiserien mundartlich gefärbt sind. An den Beispielen „München 7", „Tatort" und „Rosenheim-Cops" ist außerdem zu erkennen, dass je seriöser und ernstzunehmender die Sendung erscheinen möchte, umso weniger Dialekt zu hören ist. Mit steigendem Comedy-Anteil steigt jedoch auch der Anteil des Dialekts der Serie. Weiterhin ändert sich die Rollenverteilung: Sprechen die Ermittler der Serie „München 7" noch Dialekt, gibt es im Team der „Rosenheim-Cops" nur noch einen gemäßigten Dialektsprecher, während diesen Part im „Tatort" hauptsächlich Nebendarsteller und Komparsen übernehmen und die Kommissare weitestgehend Hochdeutsch sprechen. Die Standardsprache dient also in überregionalen Produktionen offenbar, neben der allgemeinen Verständlichkeit, dazu, eine womöglich unfreiwillige Komik des Dialekts auszuschließen – während sich bewusst humoristisch angelegte Serien gerade diese Eigenschaft zu Nutze machen[195].

---

[192] [o. Verf.]: Erzieherischer Effekt, in: Merkur-online 12.06.2008.

[193] Vgl. Internetauftritt der ARD-Serie „München 7".

[194] Vgl. [EH:] München 7 startet Mau, in: tz 8.03.2012 und Riedner, Fabian: „München 7" startet schlecht, Thomas Gottschalk mit neuem Tief, in: quotenmeter.de 8.03.2012.

[195] Vgl. Niebaum /Macha: Einführung in die Dialektologie des Deutschen, 198ff.

Außerhalb dieser bewusst dialektal angelegter Sendungen tritt Bairisch – ausgenommen des BR – allerdings nur selten auf. Vor allem Privatsender scheinen den Dialekt zu meiden, hier ist er höchstens in sogenannten „Reality-Dokus" oder Talkshows zu hören, also überwiegend in performativen Formaten[196], meist untertitelt und immer mit dem ihm angestammten bäuerlich-derben Einschlag[197]. Die öffentlich-rechtlichen Sender gehen dabei offener mit dem Dialekt um, auch für Moderatoren ist er kein Hemmnis mehr, auf eine strikt hochsprachliche „Umerziehung" wird verzichtet. So ist beispielsweise der Moderatorin des ARD-„Mittagsmagazin", Hannelore Fischer, ihre bayerische Herkunft deutlich anzuhören. Dass es auch gar nicht nötig ist, Mundart vollständig aus dem Fernsehen zu verbannen, zeigt die Dialektkompetenz der Zuschauer. Viele Nicht-Bayern halten vor allem die Untertitelung für überflüssig:

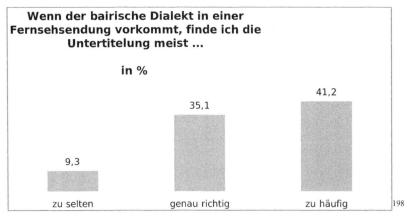

Wenn der bairische Dialekt in einer Fernsehsendung vorkommt, finde ich die Untertitelung meist ...

in %

zu selten	genau richtig	zu häufig
9,3	35,1	41,2

[198]

Eine der befragten Personen konkretisiert diese Auswahl noch folgendermaßen: „So gut wie keine Untertitel im BR, da die Zielgruppe mit dem Dialekt vertraut ist. […] Andererseits massive Untertitelung bei einigen Scripted-Reality-Formaten, vermutlich, um so den betreffenden etwas dümmlicher oder ‚bairischer' darzustellen."[199], was sich mit der oben genannten Einschätzung deckt.

---

[196] Vgl. Müller, Eggo: Performativ, transformativ, interaktiv. Fernsehen als Dienstleistungsagentur im digitalen Medienensemble, in: Braidt, Andrea u.a. (Hrsg.): Montage AV. Zeitschrift für Theorie und Geschichte audiovisueller Kommunikation, Jg.14, H.1, Marburg 2005, 143ff.

[197] Vgl. beispielsweise „Bauer sucht Frau" auf RTL. Die einzige Ausnahme, „Der Bulle von Tölz" auf Sat1 mit Ottfried Fischer in der Hauptrolle, wurde inzwischen eingestellt.

[198] Fragebogen extern [B301].

[199] Fragebogen extern [B302], Mann, 23, Niedersachsen.

Des Weiteren ist mit dem Dialekt außerhalb des jeweiligen Regionalsenders zumeist eine konkrete Zielsetzung im Hinblick auf Rollen-Stereotype verbunden, gerade wenn nur einzelne Personen einer Sendung ihn anwenden. Ein Beispiel ist die Figur des Adolf Stadler in der Serie „Lindenstraße", der den vermeintlich typisch bayerischen „Grantler" verkörpert. Auch die Sport-Talkshow „Waldis Club" spielt mit Assoziationen und Stereotypen, indem der Dialekt des Moderators Hartmann und die darin inhärente „Gemütlichkeit" und „Informalität" das Konzept einer ganzen Sendung bestimmen[200].

Der Dialekt ist in Film und Fernsehen nicht einfach eine neutrale Übersetzung in eine andere Sprache. Er transportiert immer auch eine Einstellung, ein Gefühl oder einen bestimmten Bezug. In vielen Fällen ist dieser Bezug die Region, in der er spielt und das Gefühl eines der Heimatverbundenheit. Nicht zuletzt aber haften jedem Dialekt bestimmte Klischees an. Diese sind es auch, mit denen der „neue Heimatfilm"[201] aus Bayern spielt, die ihn aber auch oft nicht aus dem Dunstkreis der Komödie heraustreten lassen. Als Beispiele seien hier die Filme „Wer früher stirbt, ist länger tot"[202] von Markus H. Rosenmüller (2006) und „Eine ganz heiße Nummer"[203] von Markus Goller (2011) genannt. Rosenmüllers Komödie handelt von einem Jungen, der sich am Tod seiner Mutter schuldig fühlt und den einzigen Ausweg aus dem drohenden Fegefeuer darin sieht, selbst unsterblich zu werden. Die Filmkomödie „Eine ganz heiße Nummer" thematisiert den wirtschaftlichen Abstieg eines kleinen Dorfes, dem drei Frauen mit dem Aufbau einer Sexhotline zu entkommen versuchen. In beiden Filmen ist der Dialekt durchgängig präsent, bedingt durch den Ort der Handlung in Oberbayern, bzw. Niederbayern. Ihm haftet dabei eine gewisse Derbheit an, gleichzeitig betont er das Ländliche, zum Teil auch Hinterwäldlerische der Sprecher, wovon besonders „Eine ganz heiße Nummer" profitiert. Er unterstreicht hier die Handlung und betont die Diskrepanz zwischen der idyllischen, erzkatholischen Lebenswelt eines kleinen Dorfes und dem Versuch dreier Einwohnerinnen, dem finanziellen Ruin mit Telefonsex zu entkommen. Je „ursprünglicher" und derber dabei der Dialekt, umso stärker der Kontrast und letztendlich auch die Komik der Szene. Insgesamt sahen beide Filme

---

[200] Vgl. dazu auch Kapitel 6.

[201] Vgl. Vahabzadeh, Susan: Dialekt im Film: Die neue Heimat, in: Goethe Institut 6.01.2012.

[202] Vgl. Internetauftritt des Films „Wer früher stirbt ist länger tot".

[203] Vgl. Internetauftritt des Films „Eine ganz heiße Nummer".

jeweils über eine Million Zuschauer – die meisten davon allerdings in Bayern[204]. Hier ist die Nachfrage nach Dialekt-Filmen hoch:

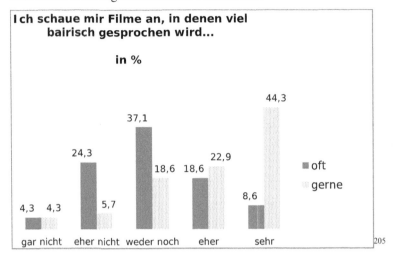

Aus dem Vergleich der Konsumhäufigkeit mit der Beliebtheit bairischer Produktionen kann dabei der Rückschluss gezogen werden, dass die Nachfrage hier sogar das Angebot übersteigt. Etwa ein Fünftel der bayerischen Befragten gibt an, Filme oder Sendungen, in denen viel bairisch gesprochen wird, lieber zu sehen als hochdeutsche Produktionen[206]. Doch auch außerhalb Bayerns sind es immerhin noch knapp 10%, die diese Aussage unterstützen[207]. Die Grafik zum Konsum bairischer Filme hebt sich hier allerdings deutlich ab:

[204] Vgl. [o. Verf.]: Das „Wer früher stirbt, ist länger tot"-Phänomen, in: Inside Kino 2008 und Meisenberger, Raimund: Eine ganz heiße Erfolgs-Nummer, in: Passauer Neue Presse 28.12.2011.
[205] Fragebogen intern [A302].
[206] Vgl. Fragebogen intern [A303].
[207] Vgl. Fragebogen extern [A303].

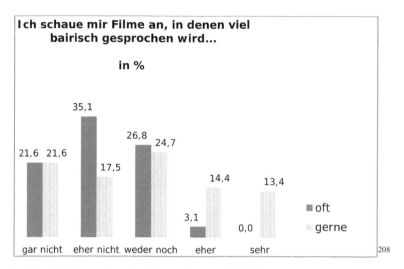

Ich schaue mir Filme an, in denen viel bairisch gesprochen wird...

in %

35,1

26,8 24,7

21,6 21,6

17,5

14,4

13,4

3,1

0,0

■ oft

gerne

gar nicht   eher nicht   weder noch   eher   sehr   208

Weder die Konsumhäufigkeit noch die Beliebtheit der Filme reichen an die bayerischen Werte heran. Gefragt danach, ob die Norddeutschen keine Verständnis-
probleme mit dem bairischen Dialekt in seinen Filmen hätten, bilanziert der Regisseur Rosenmüller:

> Nein, im Gegenteil, sie honorieren es, dass wir nicht jemanden in die
> bayerische Provinz stellen und ihn Hochdeutsch reden lassen. Auch die
> Leute im Norden spüren, dass die Menschen, von denen unsere Filme
> handeln, ganz eigene Charaktere sind. Aber natürlich gibt es noch Bar-
> rieren.[209]

Trotzdem steigt die Beliebtheit deutscher Filme, gerade solcher mit Dialektanteil
im gesamten Bundesgebiet. Begründet wird diese Entwicklung wiederum mit der
zunehmenden Globalisierung und der Suche nach Heimat und Geborgenheit:
„Wenn der deutsche Film seit ein paar Jahren wieder erfolgreicher ist, hat das
damit zu tun, dass er zu seiner Heimat zurückgefunden hat. Und Heimat ist vor
allem Sprache."[210] So sei der deutsche Film seit den 1970er Jahren weitgehend
frei von regionalen Varietäten gewesen, da diese als provinziell galten. Dass das

---

[208] Fragebogen extern [A302].

[209] Interview mit Marcus H. Rosenmüller: Man muss sich bekennen, in: Der Spiegel, Jg.2012,
H.1, 101.

[210] Vahabzadeh: Dialekt im Film: Die neue Heimat, vgl. auch Stolz, Matthias: Die neue Dialektik. Warum sich die Deutschen heute nicht mehr für ihre Mundarten schämen, in: Zeit Online 19.06.2008.

neue Genre vor allem in Bayern präsent ist, sei darauf zurückzuführen, dass hier der Stolz auf die eigene Region stärker sei als im übrigen Bundesgebiet[211]. Dieser Regionalstolz ist in Altbayern besonders ausgeprägt: Während sich hier über 60% eher als Bayern als als Deutsche bezeichnen würden, sind es in Franken und Schwaben nur etwa 48%[212]. Die meisten der „neuen Heimatfilme" kommen dann auch aus Altbayern, oder handeln zumindest dort – inklusive des regionalen Dialekts. Obwohl die bekanntesten dieser Filme Komödien sind, ist in diesem Punkt der Film schon etwas weiter als das Fernsehen: Dialekt ist nicht mehr „nur" lustig, sondern vor allem regional authentisch. Auch ernste Produktionen bedienen sich der Mundart, ohne die Figuren damit ins Lächerliche zu ziehen[213]. Der Dialekt im Film etabliert sich auf diese Weise langsam vom Randphänomen zum Selbstverständlichen. Der überregionale Erfolg blieb jedoch bis heute den Komödien vorbehalten[214].

Erwähnenswert ist an dieser Stelle noch die „Sommerakademie für bairisches Volksschauspiel", die seit 2001 in unregelmäßigen Abständen eine Art Dialekttraining für bayerische Schauspieler anbietet. Wichtige Voraussetzung ist hier allerdings eine gewisse Grundkenntnis, der Dialekt soll für die Bühne aufgearbeitet, nicht aber neu erlernt werden. Auf der Homepage der Sommerakademie 2008 heißt es, dass das

> Ausbildungsziel voll erreicht wurde – die Absolventen der beiden Sommerakademien [2001 und 2003] gehören heute zu den Stützen der einschlägigen Theater-Ensembles und keine der bairischen Film- oder Fernsehproduktionen, wie „Wer früher stirbt ist länger tot", „Das große Hobeditzen", „München 7", „Rosenheim Cops" [...] ist heute ohne sie vorstellbar[215].

Gefördert u.a. vom Bayerischen Staatsministerium für Wissenschaft, Forschung und Kunst, den Bezirken Oberbayern, Niederbayern und der Oberpfalz und in Zusammenarbeit mit dem BR zeigt die Akademie das allgemeine Interesse auch des Landes Bayern, an einer Präsenz des Dialekts in Theater, Film und Fernsehen.

[211] Vgl. Vahabzadeh: Dialekt im Film: Die neue Heimat.
[212] Vgl. Morawetz u.a. (Projektgruppe): Fakten aus der Bayernstudie, 138.
[213] Vgl. „Räuber Kneißl", Marcus H. Rosenmüller (2008).
[214] Vgl. auch „Der Schuh des Manitu", Michael Herbig (2001) oder „Sommer in Orange", Marcus H. Rosenmüller (2011).
[215] Internetauftritt der „Sommerakademie für bairisches Volksschauspiel", Menüpunkt „Geschichte".

5.2 Rundfunk

Der Rundfunk war noch vor dem Fernsehen das erste auditive, nicht-schriftliche Massenmedium. Mit seiner Hilfe verbreitete sich zunächst die Standardsprache in Deutschland, zum ersten Mal konnte man diese nicht nur lesen, sondern im Alltag auch hören[216]. Mit dem Aufkommen des Fernsehens als Konkurrenzmedium entwickelte sich das Radio jedoch in eine andere Richtung: vom national übergreifenden Medium wurde es vor allem zu einer Quelle regionalen Bezugs[217]. Neben den Radiosendern einzelner Länder entwickelten sich auch Regional- oder sogar Lokalsender. Diese wiederum sind es heute, die den Dialekt nutzen, um eine gewisse Publikumsnähe herzustellen, die dem nationalen Fernsehen nicht mehr möglich ist[218]. Die Rolle des Rundfunks in Bezug auf Dialekte hat sich also im Laufe der Zeit entscheidend gewandelt: Vom hochdeutschen Medium, das die Schaffung einer umfassenden Standardsprache beschleunigte, zum „Rückzugsort" der Dialekte. Doch wie viel Dialekt lässt der Hörfunk in Bayern heute tatsächlich zu?

Zunächst ist eine ähnliche Struktur wie bei den Fernsehsendern zu beobachten: Sobald der Aspekt der Komik auftaucht, ist auch der Dialekt nicht mehr fern. Das hat allerdings verschiedene Gründe: Bei Parodien ist es die Mundart der Prominenten, die nachgestellt werden muss („Die drei von der Landtagskantine", Bayern 3), in anderen Fällen präsentieren Comedians der Region ihr Dialekt-Programm (Bruno Jonas, Bayern 3; Michael Mittermeier, Antenne Bayern)[219]. Gezielt im Dialekt produziert werden vor allem Beiträge, die das alltägliche oder politische Leben im Sendegebiet zum Thema haben („Die Nullingers", Antenne Bayern; Der „Kini", Bayern 3). Und wenn hier schon das Leben der Bayern thematisiert wird, ist es nur naheliegend, dies auch in ihrer Sprache zu tun. Diese wiederum ist in den meisten Fällen die der Altbayern, was sich in Umfragen unter den Medien-Nutzern niederschlägt: „Die stärksten Abweichungen zwischen ih-

---

[216] Vor allem in den ausgehenden 1930er Jahren war ein großer Anstieg der Hörerzahlen durch den „Volksempfänger" und den Ausbruch des zweiten Weltkriegs zu verzeichnen.

[217] Vgl. Stolz: Die neue Dialektik. Warum sich die Deutschen heute nicht mehr für ihre Mundarten schämen.

[218] Vgl. Spranger, Matthias: Dialektfreie Mundart. Die Rolle von Regionalsprache im heutigen Hörfunk. Einleitungsreferat zu den Zonser Regionalen Hörspieltagen 2005, Zons 2005, 3.

[219] Vgl. (auch im Folgenden) Internetauftritt des Hörfunksenders „Antenne Bayern" und Internetauftritt des Hörfunksenders „Bayern 3".

rem persönlichen Erleben der Region und deren Abbild im BR empfinden die Unterfranken, gefolgt von den Mittelfranken und Schwaben."[220] Doch gerade um das Mittelbairische auch für diese Gruppen und Zugezogene verständlich zu gestalten, wird der Dialekt „abgemildert", was wiederum einigen Ostbayern missfällt, da „man sich sprachlich nicht mehr vom BR repräsentiert, nicht mehr daheim fühlen könne"[221]. Das zeigt, welch großer Spagat gerade im Hörfunk nötig ist, um allen Hörergruppen gerecht werden zu können. Dialekt soll genutzt werden, um zu inkludieren, in den meisten Fällen zieht das jedoch aufgrund der Vielfalt der bayerischen Regionen automatisch eine mindestens ebenso umfangreiche Exklusion nach sich. Dieses Problem versucht z.B. Bayern 1 mit einem sogenannten Regionalfenster „Aus Ihrer Region" „mit von den Regionalredaktionen eigens produzierten Nachrichten mit Originaltönen aus unterschiedlichen Sendegebieten"[222] zu mildern. Was man sonst von den Moderatoren der einzelnen Beiträge und Sender hört, ist in den meisten Fällen ein der Standardsprache angepasster Regiolekt, ähnlich der Umgangssprache. Dieser bedient sich einiger dialektaler Elemente und wirkt weniger formal als das Hochdeutsche, ist aber bundesweit oder zumindest landesweit verständlich. Ausgeprägter Dialekt kommt auch hier – neben Comedy und Werbung – vor allem in interaktiven Sendungen durch Höreranrufe vor. So gilt auch im Radio das Schema: Je seriöser die Berichterstattung, umso weniger Dialekt. Gleichzeitig steigt aber auch die Dialektrate mit der stärkeren Eingrenzung des Sendegebiets an. Sprecher von Lokalsendern nutzen weit häufiger Mundart. Das hängt zum einen mit dem regionalen Aspekt zusammen: Je kleiner das Sendegebiet, desto weniger verschiedene Dialekte und desto verständlicher der Sprecher für die Hörer. Zum anderen wird aber auch bewusst eine Nische genutzt, der enge Heimatbezug wird transportiert durch die Sprache der Heimat.

5.3 Werbung

Dialektale Werbung tritt vor allem in den nicht-schriftlichen Medien Radio und Fernsehen auf, da die Verschriftlichung des Dialekts nicht standardisiert ist und Probleme der Verständlichkeit mit sich bringt. Auch hier ist zwischen lokalen, bzw. regionalen und überregionalen Medien zu unterscheiden: Je kleinräumiger

---

[220] Gruber, Thomas: Bietet der Bayerische Rundfunk eine mediale Heimat? in: Ders. (Hrsg.): Ansichtssache Bayern. Annäherungen an eine Heimat, München 2010, 172.

[221] Wittmann, Reinhard: Dialekt und Medien, in: Heimatkundlicher Arbeitskreis e.V. (Hrsg.): Oberviechtacher Heimatkundliche Beiträge, Bd. 6, Oberviechtach 2003, 119.

[222] Blidschun u.a. (Hrsg.): Lehrerhandreichung „Dialekt und...", 74.

das Empfangsgebiet, umso eher verstehen die Rezipienten den eingesetzten Dialekt in der entsprechenden Werbung.

In der Fernsehwerbung ist der Dialekt – wenn er denn benutzt wird – aufgrund der überregionalen Ausstrahlung daher gemäßigt. Sein Einsatz ist entweder produkt- oder senderbezogen, eine rezipientenbezogene Nutzung ist auf Grund der großen sprachlichen Heterogenität der Zuschauer nahezu ausgeschlossen[223]. Ein Senderbezug ergibt sich dadurch, dass die werbende Person, meist prominent, einen Dialekt spricht, durch den sie identifiziert wird[224]. Ein Zusammenhang zwischen dem Dialekt des Senders und dem zu bewerbenden Produkt ist in einigen Fällen zwar gegeben, aber nicht unbedingt notwendig[225]. Häufiger und mit einer klareren Intension tritt die produktbezogene Nutzung des Dialekts in der Werbung auf. Gerade das Bairische scheint Assoziationen zu wecken, die man gerne mit dem eigenen Produkt verknüpft und die auch als Bilder innerhalb einer Werbung immer wieder auftauchen: Beispielsweise Berge, grüne Almwiesen und Trachten. Diese wiederum sind verknüpft mit den Begriffen Natur, Heimat und Tradition, die oft noch zusätzlich im Werbetext auftauchen. Ein Beispiel ist die Werbung der Käserei Bergader zu ihrem „Bergader Almkäse"[226]. Zu sehen sind Kühe auf einer Alm, im Hintergrund die Berge. Menschen in Tracht tragen große Milchkannen, schließlich die Verkostung des Käses innerhalb der Käserei – in der keine modernen Maschinen zu sehen sind. Zu hören ist eine Frauenstimme aus dem Off, die den kompletten Werbetext spricht. Der Dialekt ist dabei deutlich als Bairisch zu identifizieren, jedoch bei genauerem Hinhören als ein Bairisch, das so nicht gesprochen wird und klar auf eine Zielgruppe außerhalb Bayerns zugeschnitten wurde[227]. Es verstärkt jedoch die Aussage „Nur der Bergkäs von Bergader is a gescheiter Almkäs" dahingehend, dass die Herkunft des Käses aus den bayerischen Alpen mit dem Dialekt belegt wird. Damit ist er für die authentisch bayerische Herkunft des Produkts ebenso wichtig wie Alpen, Tracht und die angedeutete Volksmusik im Hintergrund. Mit den gleichen Attributen ist die Werbung des Erdinger Weißbräu versehen: Tracht, eine Blasmusikkapelle und Berge dominieren

---

[223] Vgl. dazu Janich, Nina: Werbesprache. Ein Arbeitsbuch, Tübingen ²2001, 171f.

[224] Vgl. z.B. Ottfried Fischer (XXXL Lutz), Alfons Schuhbeck (McDonalds), Alexander und Thomas Huber (Milchschnitte).

[225] Vgl. Janich: Werbesprache. Ein Arbeitsbuch, 170.

[226] Werbespot (TV) Bergader: Bergader Almkäse, 2008.

[227] Bsp.: „Milch" statt „Muich", „Fingerspitzengefühl" statt „Fingerspitzngfui".

das Bild, der prominente Dialektsprecher Franz Beckenbauer spricht den Werbe-text[228]. Der Dialekt ist hier authentischer, der eigentliche Werbeslogan zum Ende des Spots wird jedoch aus dem Off auf Hochdeutsch gesprochen. Sowohl das Hochdeutsche als auch der Slogan „In Bayern daheim. In der Welt zu Hause."[229] selbst sprechen hier für eine Weltoffenheit und Überregionalität des Produktes, wobei die Herkunft aus Bayern – nicht zuletzt durch den Dialekt der vorangegangenen Szenen – betont bleibt.

In der Radiowerbung fällt die visuelle Ebene aus, hier kann das Produkt nur durch Stimme und Musik beworben werden. Dementsprechend wichtiger wird auch der eingesetzte Sprach- und Sprechstil. Dadurch, dass Radiosender meist eine geringere Reichweite haben als Fernsehsender ist auch der Einsatz des Dialekts in der Werbung häufiger zu beobachten. Zum einen soll damit, wie auch im Fernsehen, die Herkunft des Produktes aus einer bestimmten Region verdeutlicht werden. Wesentlich wichtiger noch erscheint allerdings die Identifikation des Hörers mit dem zu bewerbenden Produkt oder Unternehmen. Dialekt schafft so nicht nur Aufmerksamkeit in einer noch immer von der Standardsprache (oder zumindest Umgangssprache) dominierten Medienwelt, sondern spricht vor allem auf emotionaler Ebene die Heimatverbundenheit des Rezipienten an und hat damit im Hörfunk eine überwiegend rezipientenbezogene Funktion. Auch dabei gilt: Je lokaler der Sender, umso mehr Dialekt in der Werbung – und umso stärker der Rezipienten- statt des Produktbezugs. Das bestätigt sich in der Vielfalt der Produkte, für die geworben wird. Auf lokaler Ebene ist das Spektrum von Autocenter (Neuss[230]) bis Möbelhaus (WEKO[231]) sehr breit gefächert, der Dialekt bezieht sich hier nicht unbedingt auf das Produkt, sondern auf die Hörer. Überregional werden vor allem Produkte im Dialekt beworben, die man per se mit Bayern verbindet und deren bayerische Herkunft betont werden soll, darunter überwiegend Lebensmittel, insbesondere Bier (Weltenburger[232]).

---

[228] Werbespot (TV) Erdinger Weißbräu: TV-Spot mit Franz Beckenbauer, 2008.

[229] Ebd., vgl. auch Einleitung.

[230] Werbespot (Radio) Autocenter Neuss: „Des gibt's ois beim NEUSS", 2012. Gehört auf Radio Trausnitz, 02.05.2012.

[231] Werbespot (Radio) WEKO: Küchen, 2011. Gehört auf Radio Gong, 23.03.12.

[232] Werbespot (Radio) Weltenburger: Weißbier, 2007. Gehört auf Bayern 1, 23.03.12

Vgl. Ergebnis Fragebogen extern [B206] „Nennen Sie bitte Produkte, die Sie spontan mit dem bairischen Dialekt verbinden": 49% der Befragten antworteten mit „Bier" oder „Weißbier".

Wie bairische Werbung von den Hörern und Zuschauern bewertet wird, zeigt folgende Grafik:

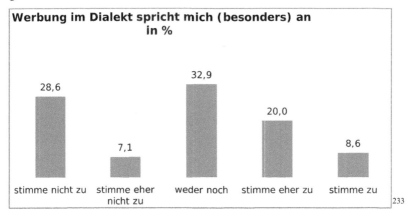

Etwa ein Drittel der befragten Altbayern wird nicht bewusst positiv oder negativ von einer bairischen Werbung angesprochen, insgesamt überwiegt die negative Bewertung solcher Spots – wenn auch nur leicht. Außerhalb Bayerns wurde die gleiche Frage gestellt, mit Bezug auf den eigenen und den bairischen Dialekt:

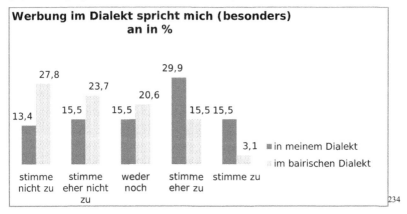

Während außerhalb Bayerns der bairische Dialekt in der Werbung als deutlich weniger ansprechend bewertet wird, steht man Werbespots im eigenen Dialekt wesentlich positiver gegenüber als in Bayern. Fast die Hälfte der Befragten ist

---

[233] Vgl. Fragebogen intern [A304].

[234] Fragebogen extern [B303 und B304].

hier Werbung im jeweils eigenen Dialekt zugetan. Eine mögliche Erklärung hierfür ist die Häufigkeit dialektaler Spots. Während Bairisch in den Medien mittlerweile vermehrt auftaucht, sind schwäbische, sächsische oder fränkische Spots noch relativ selten – Sprecher dieser Dialekte freuen sich daher umso mehr, wenn ihr Dialekt doch einmal in Fernseh- oder Radiowerbung auftaucht. Weiterhin könnte die Qualität der Werbung und des Dialekts ausschlaggebend sein, kommt der Hörer dem Dialekt als rein verkaufsförderndes Mittel auf die Schliche, nimmt die Begeisterung für die betreffende Werbung ab. Gerade Bayern reagieren empfindlich darauf, wenn ihr Dialekt für eine größere Massenwirksamkeit „verunstaltet" wird: „oft als klischeehafte Sepplsprache, nervt"[235], „Die Milchschnitte-Werbung mit den Huaba-Buam finde ich eher abstoßend, weil der Dialekt darin so gekünstelt wirkt. Dann lieber hochdeutsch."[236] oder „Das wirkt mir meist zu aufgesetzt."[237] sind einige Kommentare zur obigen Umfrage. Werbefirmen hingegen sprechen sich für die Nutzung des Dialekts aus:

> Wenn Sie vorwiegend lokal oder regional tätig sind - oder wenn Sie die lokale Herkunft Ihres Unternehmens und seiner Produkte sichtbar machen wollen -, dann setzen Sie auf Dialekt. Die Mehrzahl der Hörer findet Dialekt ausgesprochen sympathisch - auch wenn er aus einer anderen Gegend stammt als der, der sie selbst angehören.[238]

Ob mundartliche Werbung deutschlandweit insgesamt eine positivere Wirkung hat als solche in der Hochsprache kann an dieser Stelle jedoch nicht weiter bewertet werden, repräsentative Studien zum Thema fehlen noch[239]. Wichtig scheint jedoch zumindest für die Region, aus der der verwendete Dialekt stammt, eine gewisse Authentizität desselben zu sein.

5.4 Zeitung, Bücher und Facebook – geschriebenes Bairisch

Mundart ist, wie der Name schon sagt, primär oral und steht somit im Gegensatz zum schriftlich normierten Standarddeutsch. Für Dialekt gibt es keine Normierung, eine Verschriftlichung bringt daher auch immer ein Verständnisproblem oder zumindest eine Beeinträchtigung des Leseflusses mit sich[240]. Warum und in

---

[235] Fragebogen intern [A305], Mann, 31, Niederbayern.

[236] Fragebogen intern [A305], Frau, 27, Niederbayern.

[237] Fragebogen intern [A305], Mann, 28, Niederbayern.

[238] Internetauftritt der Werbeagentur Grüber, Frankfurt am Main. Menüpunkt: Archiv.

[239] vgl. auch Niebaum/Macha: Einführung in die Dialektologie des Deutschen, 213.

[240] Vgl. ebd., 213.

welcher Form er dennoch in schriftlichen Medien anzutreffen ist, soll das folgende Kapitel zeigen.

Die Artikel der ersten deutschen Zeitungen waren Mundart-Artikel. Der Autor schrieb wie er sprach, Rechtschreibregeln gab es nicht. Erst im Zuge der Sprachnormierung im 18. Jahrhundert setzte sich das Standarddeutsch als Pressesprache durch, wobei schon im darauffolgenden Jahrhundert der Dialekt für Feuilleton und Lokalteil wiederentdeckt wurde[241]. Auf diese Bereiche beschränkt er sich – soweit überhaupt vorhanden – bis heute: „Hauptsächlich vier Bereiche sind es, in denen Mundart in der Zeitung heute begegnet: Als Zitat im hochsprachlichen Kontext; in der Werbung; als redaktioneller Mundart-Beitrag; als Leserbrief"[242]. Besonders häufig ist hierbei das Zitat im standardsprachlichen Umfeld, nur einzelne Wörter oder Sätze werden im Dialekt geschrieben, während der Rest des Artikels hochdeutsch ist. Diese Form der Verwendung legt nahe, dass bestimmte Dinge oder Situationen mit Dialekt-Wörtern besser umschrieben werden können. Oft werden gerade solche Wörter, die hochdeutsch sehr stark besetzt sind, im Dialekt ausgedrückt, um diesen Effekt etwas zu mildern[243]. Ebenso profitieren die Mundart-Kolumnen von der Wirkung, die Härte aus dem Gesagten oder Geschriebenen nehmen zu können[244]. Auch wenn Dialekt oft als derb und direkt angesehen wird, in einem schriftlich-hochdeutschen Umfeld haften ihm immer auch ein Augenzwinkern und eine gewisse Privatheit an[245]. Die Perspektive wechselt: Es schreibt nicht mehr der unbekannte, studierte Journalist, sondern einer „von uns"[246], was mit der sonst mündlichen, informellen Verwendung des Dialekts im Familien- und Freundeskreis zusammenhängt[247]. Auf diese Weise kann sich der Leser stärker mit der Position des Autors identifizieren – und letztendlich auch mit der gesamten Zeitung als „Heimatblatt"[248]. Mundartartikel können so den Leser auf verschiedenen Ebenen beeinflussen: Als Rezipient, indem der Artikel von

---

[241] Vgl. Straßner: Rolle und Ausmaß dialektalen Sprachgebrauchs in den Massenmedien und in der Werbung, 1511.

[242] Herz, Dieter: Mundart in der Zeitung. Möglichkeiten nicht-hochsprachlicher Beiträge in der Tagespresse, Tübingen 1983, 15.

[243] Bsp. „Wildbiesler", Rüdenauer, Siegfried: Der Kampf gegen Wildbiesler geht weiter, in: Landshuter Zeitung 12.03.2012.

[244] Vgl. Herz: Mundart in der Zeitung, 92f.

[245] Vgl. Bausinger: Dialekt als Unterrichtsgegenstand, 105.

[246] Vgl. Herz: Mundart in der Zeitung, 110.

[247] Vgl. Kapitel 4.

[248] Vgl. Herz: Mundart in der Zeitung, 107f.

ihm anders aufgenommen wird als ein solcher in Hochsprache und als Konsument, dem eine Identifikationsmöglichkeit mit „seiner" Zeitung geschaffen wird.

Die Präsenz des Bairischen in Büchern ist in den letzten Jahren durch die deutschlandweite Erfolgswelle der „Heimatkrimis" stark angestiegen[249]. Ihren Namen haben die Romane erhalten, da sich der Ort der Handlung nicht irgendwo im Niemandsland befindet, sondern innerhalb der Heimat-Region der potentiellen Leser. Während viele Autoren in der Vergangenheit darauf geachtet haben, Orte möglichst vage zu umschreiben und nicht einzugrenzen, sind es gerade die konkreten Regionsbeschreibungen und Klischeeverarbeitungen, die den neuen Heimatkrimi ausmachen. Und um möglichst authentisch zu schreiben, darf für Bayern natürlich der Dialekt der Figuren nicht fehlen. Die Umsetzung variiert dabei allerdings. In den „Alpenkrimis" von Jörg Maurer sind es oft nur einzelne Wörter oder Satzfragmente, in denen der Dialekt (oft in Lexik und Grammatik) anklingt. Das wiederum ist überwiegend in der wörtlichen Rede der Nebenfiguren der Fall: „Ein bisserl Auflauf muss ich ihm doch lassen, dem Buben"[250]. Sowohl die Hauptfigur, Kommissar Jennerwein, als auch der Erzähler halten sich weitestgehend an die Standardsprache. Bei den „Provinzkrimis" von Rita Falk kehrt sich dieses Verhältnis um: Hier redet der Ich-Erzähler und Ermittler Franz Eberhofer überwiegend im Dialekt, auch wenn dieser nicht lautsprachlich ausgeschrieben, sondern immer nur angedeutet wird: „Heut früh sagst? Ja, frischer geht's wirklich nimmer."[251] – ebenso verhält es sich mit den (bayerischen) Nebenfiguren: „Schauns', Frau, wenns' herlangen, dann könnens' den Puls noch fühlen."[252]. So wird der Dialekt erfolgreich transportiert, ohne den Lesefluss zu beeinträchtigen oder Nicht-Dialektsprecher von der Lektüre auszuschließen. Hier deutet sich ein ähnliches Verhältnis von Dialekt und Ernsthaftigkeit an, wie schon bei den Krimiserien im Fernsehen: Je mehr Humor der Autor in seinem Werk zulassen möchte, umso stärker die Verwendung des Dialekts – insbesondere von Hauptfiguren[253].

---

[249] Vgl. Spiegel-Bestsellerliste Belletristik/Taschenbuch 13/2012: „Oberwasser" (Jörg Maurer – Ort d. Handl.: Garmisch-Partenkirchen) Platz 4, „Winterkartoffelknödel" (Rita Falk – Ort d. Handl.: bei Landshut) Platz 17.

[250] Maurer, Jörg: Niedertracht. Alpenkrimi, Frankfurt am Main 2011, 38.
Vgl. als weitere Beispiele auch „Gell", 13; „Geh zu!", 304 und „Maderl", 306.

[251] Falk, Rita: Winterkartoffelknödel. Ein Provinzkrimi, München 2010, 7.

[252] Ebd., 6.

[253] Vgl. die Intentionen der Autoren: „Ich möchte die Leute zum Lachen bringen", Rita Falk (Böhm, Christian: Verbrechen zahlt sich aus) und „Spannung und Humor verbinden", Jörg Maurer (ZDF Mittagsmagazin: Jörg Maurer und seine Alpenkrimis, 23.02.2012).

Insgesamt trägt der Dialekt neben der Erwähnung bestimmter Orte, Gegebenheiten oder Gerichte zur spezifischen Charakteristik der Handlungsorte bei. Bayern und der bairische Dialekt bieten sich dabei gerade in Krimi-Handlungen an, da hier eine vermeintliche Idylle durchbrochen wird und aus dieser enttäuschten Erwartungshaltung der Leser eine Spannung entsteht – oder mit den Worten Maurers: „Hinter den Geranien lauert das Grauen"[254]. Damit lässt sich außerdem erklären, warum die Bücher auch außerhalb Bayerns so beliebt sind. Die idyllischen Assoziationen von Bergen, Almwiesen und friedlichen Bayern in Lederhosen entstehen vor allem vor dem inneren Auge gerade der Nicht-Bayern, die das Land vielleicht nur aus dem Urlaub oder den Medien kennen. Bei diesen Lesern fällt zwar der „Regional-Bonus" weg, die Spannung zwischen (geschürter) Erwartung und tatsächlichem Geschehen ist aber umso größer. Und so urteilt dann auch die Financial Times Deutschland: „Man muss kein Bayer sein, um Maurers Romane zu mögen"[255].

Warum in Romanen, trotz der höheren gestalterischen Freiheit im Gegensatz zu Zeitungen, der Dialekt nicht transkribiert, also in Lautschrift ausgeschrieben wird, zeigt sich anschaulich am Beispiel eines Kommentars zu eben diesem Thema auf der Homepage der Süddeutschen Zeitung:

> Dees Problem mit da Vawendung vo Dialekte in schriftliche Weake is bsondascht de Schwiarigkeit vom Vaschriftlichn vo deene Mundartn.
>
> A Jeda redt andascht. Und a so schreim wia gredt wead ko ma net - graad dannat ned, weenn Buach ah vo Leid vaschtandn wean sui, dee deara Mundart net mächti san.
>
> Und wead a moi d Mundart heagnumma, dann schaut s meischtns grausli aus[...].[256]

Was in Büchern also dazu führen würde, dass der Leseprozess deutlich in die Länge gezogen wird, wird hingegen im Internet aus Gründen der Prägnanz und Kürze verwendet. Gerade in sozialen Netzwerken wie Facebook, tritt vermehrt Dialekt auf. Die Nutzer sind interessiert an schneller und unkomplizierter Kom-

---

[254] Jörg Maurer in: ZDF Mittagsmagazin: Jörg Maurer und seine Alpenkrimis, 23.02.2012.

[255] Klappentext Maurer: Niedertracht.

[256] Leserkommentar vom 15.11.2010 zum Artikel Müller, Lothar: Mer lischt! Dialekt in der Literatur, in Süddeutsche.de 12.11.2010.

munikation, Rechtschreibregeln wirken dabei ebenso hinderlich wie die Standardsprache[257]. Wird vom Nutzer als Dialektsprecher im Dialekt geschrieben, dann zum einen, weil er nicht erst das Gedachte in korrektes Hochdeutsch umsetzen muss und zum anderen, weil Dialekt oft abkürzt:

> wo wartsn da? is des da sandra ihrer?[258]

> Ne heut ned! ;) wetten du bist a wandern? ;)[259]

> na hoffentlich wenigstens a gscheits[260]

In anderen Fällen dient der Dialekt, wie schon für die Nutzung in Zeitungen nachgewiesen, dem Abbau der förmlichen Distanz des Geschriebenen, das dadurch auch oft bewusst weniger ernst oder – je nach Situation – herzlicher wirkt:

> der is doch kein Deutschlehrer! blödes Kracherl ;)[261]

> Ois Guade Oida![262]

> Ois Guade zum Geburtstag!! Laß es kracha. ;-)[263]

Doch auch in diesen Fällen ist der Dialekt nur im Ansatz lautsprachlich wiedergegeben und ähnelt eher einer neuen, virtuellen Umgangssprache. Viele Ausdrücke wie „a" statt „ein" oder „is" statt „ist" werden regionsübergreifend verwendet und in einen sonst hochdeutschen Kontext eingebettet. Trotz allem ist die betreffende Mundart des Schreibers oft gut zu erkennen und gerade Jugendliche drücken sich immer häufiger auf diese Weise aus:

> Die Gründe sind so banal wie plausibel: Wer auf Bayerisch tippt, ist schneller fertig - und genau darum geht es ja beim Instant Messaging oder im Chat. "Jugendliche haben intuitiv erkannt, dass Bayerisch

---

[257] Siebenhaar, Beat: Regionale Variation in deutschen, österreichischen und Schweizer Chaträumen, in: Schlobinski, Peter (Hrsg.): Von *hdl* bis *cul8r*. Sprache und Kommunikation in den Neuen Medien, Mannheim 2006, 140.

[258] Facebook, Nutzerin 25.09.2011, Hervorhebungen durch die Verfasserin.

[259] Facebook, Nutzerin 25.03.2012, Hervorhebungen durch die Verfasserin.

[260] Facebook, Nutzer 05.01.2012, Hervorhebungen durch die Verfasserin.

[261] Facebook, Nutzer 10.06.2011.

[262] Facebook, Nutzer 04.09.2012.

[263] Facebook, Nutzerin 09.01.2012.

schneller zu schreiben ist", sagt Sepp Obermeier vom Förderverein
Bayerische Sprache und Dialekte in Niederbayern und der Oberpfalz.[264]

Neben Instant Messangern und Chats wird der Dialekt aufgrund seiner Kürze auch gerne in SMS genutzt. Hier spart er Zeichen und damit gleichzeitig auch Kosten. Während diese Verwendung des geschriebenen Dialekts eher pragmatische Gründe hat, gibt es auch Ansätze, den Dialekt um seiner selbst willen zu verschriftlichen. Ein Beispiel hierfür ist die bairische Ausgabe der Online-Enzyklopädie Wikipedia[265]. Sie funktioniert ebenso wie die deutsche, englische oder französische Ausgabe, wenn auch die Anzahl der enthaltenen Artikel geringer ist. Neben der Erklärung von Dialektwörtern und bairischen Begriffen wie „Breiss"[266], „Knédl"[267] oder „Gstanzl"[268] gibt es vor allem Artikel, die sich in der Themenwahl kaum von denen der standarddeutschen Ausgabe abheben[269].Die Sprache unterscheidet sich dabei je nach Herkunft des Autors von Artikel zu Artikel, ist aber für Sprecher des Bairischen weitestgehend allgemein verständlich. Für Autoren, die sich am bairischen Wikipedia beteiligen möchten, wurde eine Hilfeseite erstellt, die Ratschläge für „gutes Bairisch" gibt:

Richt di noch da Sproch vo de Oidn und Erfohranan

Schaug da o, wia Dialekt-Autorn schreim

Wannst koa boarisches Wort fir a Soch kennst, konst aa a hochdeitsches vawendn - so wia ma im hochdeitschn aa englische Wärta vawendt[270]

Man ist sich dabei auch der verschiedenen bairischen Dialekte bewusst und dem Wandlungsprozess, dem die mündliche Sprache unterworfen ist:

---

[264] Saar, Brigitte: Bei SMS ist Bayerisch Kult. Kurz-Nachrichten bescheren dem Dialekt ein Comeback, in: ZDF heute 2.07.2008.

[265] Vgl. http://bar.wikipedia.org/wiki/Hauptseitn (Stand 20.04.12).

[266] Vgl. http://bar.wikipedia.org/wiki/Breiss (Stand 20.04.12).

[267] Vgl. http://bar.wikipedia.org/wiki/Knedl (Stand 20.04.12).

[268] Vgl. http://bar.wikipedia.org/wiki/Gstanzl (Stand 20.04.12).

[269] Vgl. http://bar.wikipedia.org/wiki/Sonnensystem (Stand 20.04.12) oder http://bar.wikipedia.org/wiki/Vandalismus (Stand 20.04.12)..

[270] http://bar.wikipedia.org/wiki/Wikipedia:Wia_schreib_i_a_guads_Boarisch%3F (Stand 20.04.12).

In da boarischn Wikipedia schaua d Lait, daß's „orginål" Boarisch schraim su guat wej's gejt. Ower ma derf niat vagessn, daß's koane festn Grenzn zwischa de Dialekte git, sundern a Dialektkontinuum. Des hoisst, daß in Nordn von boarischn Sprouchraum Gmoansåmkaitn min Ostfrenkischn git, waiter in Sidn min Schwebischn und n Alemannischn. Und aa dej owerdaitschn Dialektgruppm hom wider Gmoansåmkaitn mit eanere mittldaitschn Nåchbar-Dialektgruppm. Und - oa „Urboiern" mechadn's niat recht glam - min Houchdaitschn.[271]

Schon an diesen Zitaten wird deutlich, dass das bairische Wikipedia nicht einfach aus Spaß entstand, sondern einen ernsthaften Hintergrund hat. Die Autoren sind überwiegend Menschen, denen ihr Heimatdialekt am Herzen liegt und die ihn nicht durch die Medien ins Lächerliche gezogen sehen wollen[272]. Aus diesem Grund wird auch der Inhalt der Artikel besonders kontrolliert, um eine gewisse Wissenschaftlichkeit der Enzyklopädie zu wahren. Mit 51 Suchanfragen am Tag liegt das bairische Wikipedia auf Platz 162 von 220 Einzelenzyklopädien (zum Vergleich: die hochdeutsche Version liegt auf Platz zwei mit 1.606.928 Suchanfragen)[273], die Anzahl der Artikel beträgt momentan 5.293[274].

5.5 Zwischenfazit

Bairisch kommt in den verschiedenen Medien vor. Häufig hat dies ökonomische Gründe, gerade die Werbung versucht mit einem idyllischen Bayern-Bild die Natürlichkeit der Produkte hervorzuheben. Aber auch das Fernsehen und die Kriminalromane haben den Dialekt wieder für sich entdeckt. Mit seiner Hilfe wird eine Spannung zwischen der harmonischen und nicht ganz ernstzunehmenden Oberfläche und dem tatsächlichen Geschehen entwickelt. Dass dieses Konzept funktioniert, zeigen die vielen bairischen Krimi-Serien, bzw. die Absatzzahlen der Heimatkrimis. Auch im Film wird immer häufiger auf den Dialekt zurückgegriffen, besonders erfolgreich in Komödien. Allerdings versucht man hier auch bereits, ernsthaftere Produktionen durch den Dialekt der Figuren authentischer wirken zu lassen. Weitestgehend ohne den Aspekt der Komik kommt die Nutzung des Dialekts in den sogenannten „neuen Medien" aus. Vor allem die jüngere Generation nutzt ihn aus Gründen der Zeit- oder „Anschlagszahlersparnis" in SMS, Chat oder

[271] http://bar.wikipedia.org/wiki/Wikipedia:%22Echt%22_Boarisch%3F (Stand 20.04.12).

[272] Vgl. Schmidhuber, Judith: Dialekt-Pflege im weltweiten Netz, in: Chiemsee Nachrichten 22.04.2008.

[273] Vgl. Wikipedia Statistik-Seite wikistics.

[274] http://bar.wikipedia.org/wiki/Hauptseitn (Stand 20.04.12).

sozialen Netzwerken. Hier drückt er in vielen Fällen eine stärkere persönliche Nähe aus und hebt sich von der eher distanziert wirkenden Hochsprache ab. Auch ganze Internet-Seiten auf Bairisch existieren, wie beispielsweise das bairische Wikipedia. Die Macher setzen sich bewusst von der durch andere Medien zusätzlich beschworenen Lächerlichkeit der bairischen Mundart ab und möchten mit ihrem Projekt dem Dialekt neuen Raum geben. Auch ist das Internet das einzige der genannten Medien, in dem man sich bemüht – abgesehen von Gedichten oder kurzen Sprüchen in den Lokalzeitungen – das Bairische lautsprachlich wiederzugeben, anstatt nur einzelne Ausdrücke oder wahlweise die Satzstellung zu übernehmen. Den deutschlandweit größten Einfluss auf die Kulturlandschaft hat jedoch bis heute der bairische Dialekt im Film, dem als „neuer Heimatfilm" ein eigenes Genre zugeschrieben wird. Dieser hat die Filmlandschaft dahingehend geprägt, dass nicht mehr der anonyme Handlungsort im Hintergrund, sondern ein authentischer, regional definierter Ort im Vordergrund des Geschehens steht.

6 „Host mi?" – Zur Wirkung des Dialekts

In diesem Kapitel soll die (Außen-)Wirkung des Bairischen analysiert werden. Während sich die vorangegangen Abschnitte vor allem mit den „Sendern" des Bairischen und deren Intentionen befassten, soll hier der Schwerpunkt auf den Rezipienten liegen: Wie wirkt der Dialekt auf Nicht-Bayern? Welche Assoziationen treten auf und welche Erwartungen werden mit dem Dialekt verknüpft? Was ergibt sich aus dem Bild, das Schule und Medien generieren – und wie genau sieht dieses Bild aus? Aber auch die Wahrnehmung der Bayern, bzw. Dialektsprecher selbst soll untersucht werden, um anschließend beide Ergebnisse zu vergleichen zu können. Zunächst ist es aber wichtig, einen Begriff näher zu beleuchten, der in den vorangegangenen Passagen bereits mehrfach direkt oder indirekt angeklungen ist – das Stereotyp.

6.1 Exkurs Stereotype

Der Begriff Stereotyp kommt aus dem Bereich der Drucktechnik, außerhalb dieses Bedeutungsrahmens wurde er zum ersten Mal von Walter Lippmann in seinem Buch „Public Opinion" von 1922 verwendet, der auf diese Weise ausdrücken wollte, „wie sehr wir uns vorgefassten Meinungen bedienen[275]:

> For the most part we do not first see, and then define, we define first and then see. In the great blooming, buzzing confusion of the outer world we pick out what our culture has already defined for us, and we tend to perceive that which we have picked out in the form stereotyped for us by our culture.276

Heute wird ein Stereotyp[277] allgemein definiert als „Sozial geteilte Meinung[en] über Persönlichkeitsmerkmale und Verhaltensweisen von Mitgliedern einer sozialen Kategorie"[278]. Dabei weist ein Stereotyp verschiedene Merkmale auf: Zum einen ist es starr und auch über einen langen Zeitraum hinweg nur wenig veränderbar. Die Falsifizierung eines Stereotyps ist dabei nahezu unmöglich[279]. Auch

---

[275] Vgl. Petersen, Lars-Eric/Six, Bernd: Vorwort, in: Dies. (Hrsg.): Stereotype, Vorurteile und soziale Diskriminierung. Theorien, Befunde und Interventionen, Weinheim/Basel 2008, 21.

[276] Lippmann, Walter: Public Opinion, Long Island 1921, in: Projekt Gutenberg [o.S.].

[277] Auch synonym zu „Klischee" verwendet.

[278] Fiedler, Klaus/Bless, Heribert: Soziale Kognition, in: Stroebe, Wolfgang/Jonas, Klaus/Hewstone, Miles (Hrsg.): Sozialpsychologie. Eine Einführung, Berlin/Heidelberg/New York ⁴2003, 134.

[279] Vgl. Hahn, Hans Henning: Einleitung. 12 Thesen zur Stereotypenforschung,

die Etymologie des Wortes (aus dem Griechischen) weist auf diese Eigenschaft hin: *typos (τύπος)* ist das Wort für „Entwurf" oder „feste Norm", während *stereos (στερεός)* „starr", „hart" oder „fest" bedeutet[280]. Weiterhin ist es eng mit dem Begriff der „Kategorie" verknüpft. Eine soziale Kategorie ist dabei eine Gruppe von Personen, denen ähnliche Merkmale zugeschrieben werden. Während eine Stereotypisierung eine vorangehende Kategorisierung bedingt, ist letztere auch ohne die Zuschreibung von Stereotypen möglich[281]. Die Stereotype, die wir mit bestimmten Gruppen verknüpfen, sind dabei entweder Teil eines kollektiven Wissens oder aus unseren individuellen Erfahrungen entstanden[282]. Je größer die Bezugsgruppe, umso wahrscheinlicher ist jedoch eine stereotype Zuschreibung, die wir aus dem kollektiven Wissen beziehen:

> Stereotype von anderen Völkern sind mehr als individuelle Vorstellungen. Sie sind Allgemeingut, Gegenstände öffentlicher Kommunikation, mit denen wir alltäglich in vielfältigster Form konfrontiert werden.[283]

Stereotype können in zwei verschiedenen Formen auftreten, als Auto- oder Heterostereotyp, wobei jedoch die eine Form immer auch die andere impliziert: Autostereotype sind Bilder der eigenen, Heterostereotype Bilder einer fremden sozialen Gruppe. Wird also durch ein Heterostereotyp die Eigenschaft einer fremden Gruppe beschrieben (Bsp.: unpünktliche Spanier), können immer auch Rückschlüsse auf die Eigenschaften der eigenen Gruppe (Bsp.: pünktliche Deutsche) gezogen werden[284]. Möglich wird dies, da mit einem Stereotyp immer etwas von der eigenen Norm Abweichendes bewertet wird, das die Bewertung der eigenen Norm voraussetzt[285].

---

in: Hoffmann, Johannes: Stereotypen, Vorurteile, Völkerbilder in Ost und West in Wissenschaft und Unterricht. Eine Bibliographie, Bd. 2, Wiesbaden 2008.

[280] Vgl. Petersen/Six: Vorwort, 21.

[281] Vgl. Klauer, Karl Christoph: Soziale Kategorisierung und Stereotypisierung,
in: Petersen, Lars-Eric/Six, Bernd (Hrsg.): Stereotype, Vorurteile und soziale Diskriminierung. Theorien, Befunde und Interventionen, Weinheim/Basel 2008., 28.

[282] Vgl. Meiser, Thorsten: Illusorische Korrelation,
in: Petersen, Lars-Eric/Six, Bernd (Hrsg.): Stereotype, Vorurteile und soziale Diskriminierung. Theorien, Befunde und Interventionen, Weinheim/Basel 2008, 53.

[283] Nußbeck, Ulrich: Schottenrock und Lederhose. Europäische Nachbarn in Symbolen und Klischees, Berlin 1994, 5.

[284] Vgl. ebd., 5.

[285] Vgl. ebd., 5.

Auf semiotischer Ebene haben Stereotype Zeichencharakter, der aufgrund ihrer Allgemeingültigkeit und als Objekte des kollektiven Wissens innerhalb einer sozialen Gruppe von Sender und Empfänger gleichermaßen verstanden wird[286].

Die Bildung von Stereotypen durch den Menschen wird in einer Vereinfachung der Umwelt erklärt: Sie wecken bestimmte Erwartungen an andere und lassen uns deren Verhalten leichter einordnen oder vorhersagen[287]. Dies sei insbesondere auch dann möglich, wenn sonst nur wenige Informationen über einen Menschen zur Verfügung stehen. Klauer bringt an dieser Stelle das Beispiel eines Redners im Bundestag, dessen überzogene Aussage auch von Personen, die ihm nicht nahe stehen, aufgrund seiner Parteizugehörigkeit als Ironie eingeordnet werden kann.

Doch ebenso, wie uns die Kategorisierung mittels Stereotype im Alltag hilft, steht sie uns oft auch im Weg, die Zuschreibung von Eigenschaften entspricht nicht immer der Realität. Ist eine Gruppe mit einem Stereotyp behaftet, das keine reale Entsprechung hat, spricht man von „illusorischer Korrelation"[288]. Ebenso problematisch wie die illusorische Korrelation ist die Wahrnehmung von Informationen, die nicht mit einer durch ein Stereotyp ausgelösten Erwartungshaltung vereinbar sind[289]. Stereotyp-bestätigende Informationen werden leichter aufgenommen als solche, die einem Stereotyp widersprechen, was wiederum zu dessen Verfestigung führt. So wird es möglich, dass Stereotype unser Denken beeinflussen – doch nicht nur das über andere, sondern auch das von uns selbst. Mitglieder einer sozialen Gruppe können sich in der Interaktion mit anderen deren Erwartungshaltung anpassen und so im Sinne einer selbsterfüllenden Prophezeiung deren stereotype Erwartungen erfüllen[290].

Die Geschichte des Stereotyps erreichte seinen ersten Höhepunkt zu Beginn des 18. Jahrhunderts. Die europäischen Völker hatten bereits so festgefügte Meinungen voneinander, „daß es genügte, seinen Namen zu nennen, um eine Reihe von Adjektiven aufsteigen zu lassen, die ihm besonders eigen schienen"[291]. Aus dieser

---

[286] Vgl. ebd., 5.

[287] Vgl. Klauer: Soziale Kategorisierung und Stereotypisierung, 23f.

[288] Vgl. Fiedler/Bless: Soziale Kognition, 151.

[289] Vgl. Meiser: Illusorische Korrelation, 53.

[290] Vgl. Petersen/Six: Vorwort, 22.

[291] Paul Hazard: Die Krise des europäischen Geistes, o.O. 1948, 81, zit. nach Nußbeck: Schottenrock und Lederhose, 19.

Zeit stammt auch die heute unter dem Namen „Völkertafel" bekannte Zusammenstellung europäischer Völker und ihrer Eigenschaften[292]. Aufgezählt wurden u.a.
„Sitten", „Verstand", „Klaidung", aber auch Merkmale des Landes, der Kriegstu-
genden und des „Leben End". Im 19. Jahrhundert fanden diese Völkerstereotype
dann eine weitere Verbreitung durch die ersten Weltausstellungen, in denen sich
verschiedene Länder präsentierten[293]. Die frühen Stereotype waren neben klima-
tischen und geographischen Gesichtspunkten vor allem geprägt durch politische
und gesellschaftliche Zustände des Landes, auf das sie angewendet wurden, da
der Krieg oft der vorherrschende Kontakt zwischen den Völkern war[294]. Später
kamen dann Musik und Kultur, insbesondere aber auch Nahrungsgewohnheiten
hinzu[295]. Vermittelt wurden diese Stereotype vor allem mündlich, aber auch durch
Schulbücher, Wandkarten oder im 19. Jahrhundert auch Sammelbilder; heute sind
vor allem Literatur, Film und Werbung an der Weitergabe dieser Klischees beteiligt[296].

6.2 Der typische Bayer – oder „Was vermittelt die Sprache?"

Hier ist jedoch nicht nur interessant, *was* die Sprache vermittelt, sondern auch
wem sie *was* vermittelt. Daher wird wie schon bei den Fragebögen eine getrennte
Betrachtung nach intern und extern erfolgen. Was bedeutet das Bairische dem
Bayern „daheim" und wann ist es „in der Welt zu Hause" – und wie wird es dort
wahrgenommen?

---

[292] Vgl. „Kurtze Beschreibung der In Europa befintlichen Völckern Und Ihren Aigenschaff-
ten", unbekannter Künstler. Das Original befindet sich im Österreichischen Museum für
Volkskunde, Wien.

[293] Vgl. Nußbeck: Schottenrock und Lederhose, 22.

[294] Vgl. ebd., 20.

[295] Vgl. ebd., 21 und 24.

[296] Vgl. ebd., 45ff.

6.2.1 „In Bayern daheim..."

Zunächst steht der Bayer seinem Dialekt sehr positiv gegenüber, über 80% der Befragten gefällt die Mundart ihrer Region gut, 70% davon sogar sehr gut:

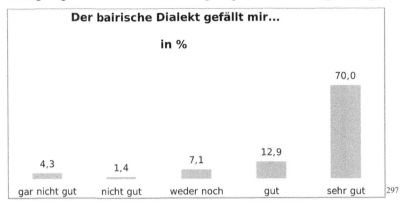

Passend dazu assoziieren die Altbayern überwiegend positive Attribute mit ihrem Dialekt, wobei die „Gemütlichkeit" besonders oft genannt wird[298]. Weitere häufige Nennungen sind „Offenheit", „Geselligkeit" und „Humor". Als negative Eigenschaften werden im Freitext vor allem „stur", „grantig" und „eigen" angegeben, wobei diese aber deutlich in der Minderheit sind. An ihrem Dialekt selbst schätzen die Bayern eine gewisse Direktheit und Herzlichkeit:

> Wenn ich mit jemandem rede, der Dialekt spricht (vor allem wenn es außerhalb der Heimat ist), fühle ich mich demjenigen gleich viel näher als jemandem, der nicht bairisch spricht.[299]

> Wenn man in Bayern wohnt und hier lebt ist Dialekt für mich Pflicht. Es erleichtert einen auf andere Menschen die hier leben zuzugehen. ich sehe oft das Leute die hochdeutsch sprechen nicht so herzlich empfangen werden die Dialektsprechende.[300]

> Im Dialekt kann ich Dinge oft klarer ausdrücken, zum Punkt kommen...so isses und ned anders![301]

---

[297] Fragebogen intern [A408].
[298] Vgl. Fragebogen intern [A407].
[299] Fragebogen intern [A409], Frau, 27, Niederbayern.
[300] Fragebogen intern [A409], Frau, 28, Niederbayern.
[301] Fragebogen intern [A409], Frau, 31, Niederbayern.

> Ein Mann lehnt sich gegen ein Auto eines anderen, dieser beobachtet
> das Geschehen und geht rüber und sagt:„Entschuldigen Sie bitte, aber
> mir wäre es Recht wenn Sie von meinem Auto wegtreten wür-
> den!"....Hochdeutsch
>
> bei Bayern würde der Autobesitzer rufen „HEE!" , antwort „WOS?" ,
> Autobesitzer zeigt zum Auto und erwiedert „HAAA!" und die sache ist
> geklärt![302]

Die bisher genannten Eigenschaften sind auch in der Repräsentativbefragung des BR vertreten. Sowohl „gesellig", „herzlich" als auch „humorvoll" rangieren unter den 15 am häufigsten genannten Antworten mit der Zustimmung „voll und ganz"[303].

Außerdem wurde nach typischen Produkten gefragt, mit denen der bairische Dialekt in Verbindung gebracht wird. Neben „Bier", „Leberkäs" und „Brezn" wurde auch auf Trachten, Almwiesen und Volksfeste hingewiesen[304]. Insgesamt ergibt sich aus der Befragung ein überwiegend traditionelles Bayern-Bild mit modernen Elementen (vgl. Antworten wie „Offenheit" oder „BMW"). Dieser konservative Bezug steht jedoch weniger für eine bayerische Rückständigkeit als für die Tatsache, dass etwas Typisches für eine Region immer auch eine Differenz zum Vergleichsgebiet ist. Diese Differenz drückt sich dann in Eigenheiten aus, die oft schon lange bestehen und aufgrund ihrer Bedeutung für die Menschen fortgeführt werden, ohne einer nivellierenden Globalisierung unterworfen zu sein, wie sie oft prophezeit wird. Insbesondere Trachten, Volksfeste, Landschaften und bestimmte Lebensmittel sind oder scheinen immun gegen eine solche Veränderung und werden daher oft als identifizierendes Merkmal einer Region gesehen:

---

[302] Fragebogen intern [A409], Mann, 22, Oberbayern.

[303] Vgl. Morawetz u.a. (Projektgruppe): Fakten aus der Bayernstudie, 50. Die Befragung verbindet diese Eigenschaften jedoch nicht mit dem Dialekt, sondern mit „dem Bayern" im Allgemeinen.

[304] Fragebogen intern [A406].

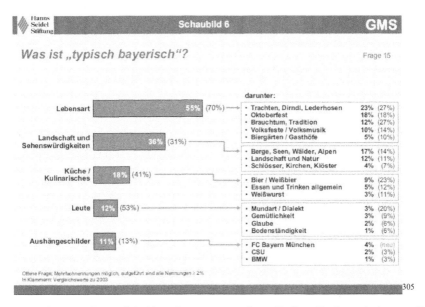

Der Dialekt selbst spielt hier eine untergeordnete Rolle, die Assoziationen, die über den Dialekt stattfinden (vgl. Fragebogen) decken sich jedoch weitgehend mit den hier genannten.

Die Bayern selbst entwerfen also ein Modell, das sich stark am Stereotyp des Klischee- Bayern orientiert, ohne sich oft selbst als „typisch" in dieser Form wahrzunehmen. Die Bayernstudie des BR unterteilt die Bewohner Bayerns in sechs verschiedene Typen, wobei der „Urbayer" diesem gängigen Klischee entspricht, der jedoch nur 19% aller Befragten ausmacht:

Sie halten die Sitten und Gebräuche der Region am entschlossensten aufrecht, und sie bekennen sich am vehementesten zum Dialekt. Außerdem sind sie mit hoher Wahrscheinlichkeit auch im Alltag in Tracht gekleidet. [...] Außerdem sind diese Traditionalisten tendenziell über 50 Jahre alt, eher in kleineren Ortschaften zu Hause, haben überwiegend die Hauptschule absolviert und sind katholisch.[306]

Somit öffnet der Dialekt als selbst zwar der Wandlung unterworfen, aber über lange Zeit regionstypisch erhalten, das Tor zu einem traditionellen Verständnis

---

[305] Hanns-Seidel-Stiftung e.V. (Hrsg.): Generationenstudie 2009. Heimatgefühl und Leben in Bayern, München 2009, 26.
[306] Morawetz u.a. (Projektgruppe): Fakten aus der Bayernstudie, 33.

79

des Bayern und des bayerischen. Unveränderbare Elemente wie die Landschaft oder gepflegtes Brauchtum werden von Menschen zu Heimatgefühl und regionaler Identität „idyllisiert", die mit diesem Leben im Alltag oft nur noch wenig zu tun haben. Andere, wie Lebensmittel und Dialekt, werden in den Alltag eingebaut, um dieser Identität Raum zu geben. Das bayerische Stereotyp wird so von den Bayern in vielen Fällen selbst gelebt und aufrecht erhalten, wenn auch fast ausschließlich positiv besetzt.

Dazu passt, dass knapp ein Viertel der befragten Bayern auch außerhalb Bayerns den Dialekt konsequent beibehält. Begründet wird dieses Verhalten mit „Sich zu verstellen ist nicht meine Art!"[307], „weils meine sprache is und ich zu meiner sprache stehe"[308] oder „Es macht einfach Spass ein wenig von seiner Herkunft Preis zu geben"[309]. In diesen Aussagen ist wiederum die enge Verbindung zwischen der eigenen Identität und dem Dialekt der Heimat zu erkennen: Der Bayer bleibt Bayer, egal wo er sich befindet. Medium dieser Einstellung, sowie von Heimatgefühl, Regionalstolz und Identität, ist dabei der „typische" Dialekt.

---

[307] Fragebogen intern [A203], Mann, 36, Oberbayern.

[308] Fragebogen intern [A203], Mann, 15, Oberbayern.

[309] Fragebogen intern [A203], Mann, 37, Oberbayern.

6.2.2 „... In der Welt zu Hause."?

Laut einer Umfrage des Instituts für Demoskopie Allensbach im Jahr 2008 ist Bairisch der beliebteste Dialekt Deutschlands, noch vor dem norddeutschen Platt und Berlinerisch[310]. Auch die Bayern selbst schätzen die Außenwirkung ihrer Mundart fast durchweg positiv ein:

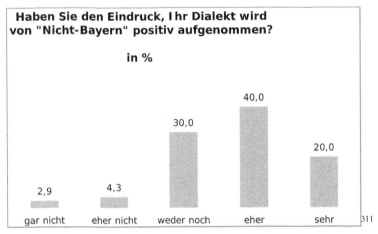

Haben Sie den Eindruck, Ihr Dialekt wird von "Nicht-Bayern" positiv aufgenommen?

in %

gar nicht	eher nicht	weder noch	eher	sehr
2,9	4,3	30,0	40,0	20,0

[311]

---

[310] Vgl. Institut für Demoskopie Allensbach: Allensbacher Berichte, Nr.4 2008.
[311] Fragebogen intern [A201].

Dass sie damit weitgehend richtig liegen, die positive Wirkung allerdings leicht überschätzen, zeigt der Vergleich mit der Auswertung der Frage nach der Beliebtheit in den externen Fragebögen:

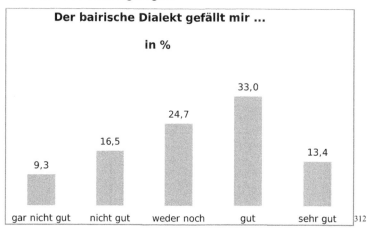

Der bairische Dialekt gefällt mir ...

in %

gar nicht gut	nicht gut	weder noch	gut	sehr gut
9,3	16,5	24,7	33,0	13,4

312

Doch nicht nur in der Beliebtheitsskala spielt der bairische Dialekt ganz oben mit, er landet auch auf dem zweiten Platz bei der Frage nach den unbeliebtesten Dialekten[313]. Diese Ambivalenz spiegelt sich auch in dem Bereich des bayerischen Stereotyps wieder: „Der typische Bayer läuft schuhplattelnd und in Lederhosen durch die Gegend, hat einen Hut mit Gamsbart auf und immer einen fröhlichen Jodler auf den Lippen."[314] Mit dem bairischen Dialekt verbinden viele Nicht-Bayern die Eigenschaften „bodenständig, traditionell"[315], „lustig, aufgeschlossen, charismatisch"[316] und „manchmal grob, aber herzlich, gemütlich, biertrinkend"[317].

---

[312] Fragebogen extern [A208].

[313] Vgl. Institut für Demoskopie Allensbach: Allensbacher Berichte, Nr.4 2008.

[314] Nawratil, Ute: Bayerntypologie – Versuch einer Artenbestimmung, in: Gruber, Thomas (Hrsg.): Ansichtssache Bayern. Annäherungen an eine Heimat, München 2010, 33.

[315] Fragebogen extern [B207], Mann, 49, Niedersachsen.

[316] Ebd., Frau, 25, Franken.

[317] Ebd., Mann, 63, Nordrhein-Westfalen.

Ebenso häufig werden aber auch negative Aspekte genannt, insbesondere „Distanziertheit, Nörgelei"[318], „ein bisschen langsam, einfältig, nicht weltoffen"[319] oder „von sich eingenommen ("Mir san mir!")"[320]. Die letzte Eigenschaft wird – auch als „Regionalstolz" oder „Misstrauen gegenüber Fremden" – außerhalb Bayerns oft genannt, während die Bayern selbst sich als besonders offen und höchstens „loyal" bezeichnen. Trotz allem weichen die beiden verschiedenen Einschätzungen insgesamt nur in wenigen Punkten voneinander ab:

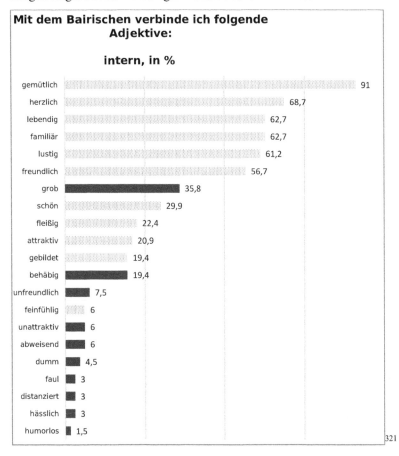

Mit dem Bairischen verbinde ich folgende Adjektive:

intern, in %

gemütlich	91
herzlich	68,7
lebendig	62,7
familiär	62,7
lustig	61,2
freundlich	56,7
grob	35,8
schön	29,9
fleißig	22,4
attraktiv	20,9
gebildet	19,4
behäbig	19,4
unfreundlich	7,5
feinfühlig	6
unattraktiv	6
abweisend	6
dumm	4,5
faul	3
distanziert	3
hässlich	3
humorlos	1,5

[321]

---

[318] Ebd., Mann, 29, Baden-Württemberg.
[319] Ebd., Frau, 24, Niedersachsen.
[320] Ebd., Frau, 34, Franken.
[321] Fragebogen intern [A410]; negative Eigenschaften dunkel dargestellt.

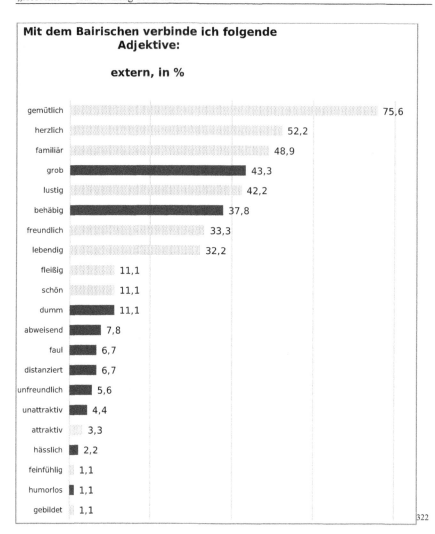

Mit dem Bairischen verbinde ich folgende Adjektive:

extern, in %

gemütlich	75,6
herzlich	52,2
familiär	48,9
grob	43,3
lustig	42,2
behäbig	37,8
freundlich	33,3
lebendig	32,2
fleißig	11,1
schön	11,1
dumm	11,1
abweisend	7,8
faul	6,7
distanziert	6,7
unfreundlich	5,6
unattraktiv	4,4
attraktiv	3,3
hässlich	2,2
feinfühlig	1,1
humorlos	1,1
gebildet	1,1

[322]

Die Eigenschaften, die mit dem bairischen Dialekt assoziiert werden, sind also vor allem „gemütlich", „herzlich" und „familiär"[323] – und das sowohl innerhalb als auch außerhalb Bayerns. Genau diese Attribute werden auch von den Medien aufgegriffen, und damit das Stereotyp des Bayern verfestigt. In den bayerischen Krimiserien oder -romanen ist es vor allem die Nähe zur Familie, die Charme in

---

[322] Fragebogen extern [A410]; negative Eigenschaften dunkel dargestellt.
[323] Identischer Wert (62,7%) wie „lebendig" im internen Fragebogen.

die reale Anonymität der Großstadt (München 7) oder den ansonsten *un*gemütlichen Beruf bringt (Dampfnudelblues). Auch die Werbung bemüht sich um diese bayerische Gemütlichkeit: Ob sich „der Inhaber noch persönlich um sein Bier" kümmert[324], wir uns „da heroben" noch „liebevoll um unsere Viecher" kümmern[325] oder gleich das ganze Unternehmen als „Familienmolkerei"[326] beschrieben wird, immer ist das bayerische Produkt ursprünglich und familiär und die Darsteller bemüht, eine gewisse Herzlichkeit auszustrahlen. Ob nun der Bayer zuerst herzlich war oder die Werbung diese Herzlichkeit generiert hat, sei dahingestellt. In jedem Fall hat sich ein deutliches Stereotyp entwickelt, das von allen Seiten aufrechterhalten wird und eine allgemeine Gültigkeit erreicht hat. Ähnlich verhält es sich mit Produkten, die mit dem bairischen Dialekt verknüpft werden, sowohl von Bayern als auch Nicht-Bayern wird am häufigsten das Bier genannt, an zweiter Stelle stehen Lebensmittel wie Weißwürste oder Brezn[327]. Auch hier dürften Medien und Werbung einen großen Teil dazu beigetragen haben. Doch der Stereotyp des gemütlich Bier trinkenden und Weißwürste essenden Bayern ist nicht auf Deutschland beschränkt. Gerade im Ausland wird dieses bayerische Stereotyp und das damit zusammenhängende Lebensgefühl oft als Prototyp des Deutschen gesehen: „Jahrzehntelang war Bayern für Ausländer der Inbegriff von Deutschland – Deutschland in Reinkultur sozusagen. Es war – wie sollen wir es ausdrücken? – typisch deutsch."[328] Touristen aus dem Ausland zieht es daher auch besonders oft nach Bayern, das in Deutschland die meisten Übernachtungen zu verbuchen hat[329]. „Es gibt Themenführungen über den Blauen Reiter, die Räterepublik oder die Wittelsbacher, aber nichts schlägt die berühmte Mischung aus Tracht, ‚Mir-san-mir' und Isar-Sinnlichkeit."[330] Besonders positiv wird also das „Lebensgefühl" und die Art der Menschen bewertet und wiederum aus diesen Eindrücken setzt sich der bayerische Stereotyp zusammen – gemütlich, herzlich und familiär. Eine wichtige Rolle dabei spielt aber immer auch das Nahrungs-Stereotyp Bier:

[324] Werbespot (TV) Erdinger Weißbräu: TV-Spot mit Franz Beckenbauer, 2008.
[325] Werbespot (TV) Bergader: Bergader Almkäse, 2008.
[326] Werbespot (TV) Ehrmann: Der Urige, 2010.
[327] Vgl. Fragebogen intern [A406] und extern [B206].
[328] Boyes, Roger: Bayern – Deutschland in Reinkultur, in: Goethe Institut 09.2008.
[329] Deutsche Zentrale für Tourismus e.V.: Incoming Tourismus Deutschland. Edition 2011.
[330] Daniel, Ellen: Mir san mir, don´t mess mit uns. Bayern für Ausländer, in: Focus Online 16.03.2009 .

> Deutsche Kirmes mit weißblauen Fahnen und „Bayernzelt" [...] mit
> Gamsbartträgern in Lederhosen rund um den Globus – immer wieder
> scheinen die Stereotypen des „Bayerischen", eine festtagstaugliche Mi-
> schung aus Frohsinn und Alkoholmißbrauch, zum Gebrauch tatsächli-
> chen oder vermeintlichen bayerischen Ambientes zu verführen, gera-
> deso, als wenn damit die vermeintlich mentalen und physischen Fähig-
> keiten zur „Gemütlichkeit" und Bierfestigkeit auf den friesischen, ber-
> linerischen, japanischen oder amerikanischen Zecher übergingen.[331]

Und was auf diesen Festen außerhalb Bayerns oft nicht fehlen darf, ist das typische „O`zapft is", „Oans-zwoa-g´suffa" oder „Ein Prosit der Gemütlichkeit" –
zumindest solange sie noch innerhalb Deutschlands stattfinden. Auf diese Weise
wird der bairische Dialekt mit dem Feiern als etwas angenehmen verknüpft und
eine generell positive Einstellung zu Bayern generiert, was sich wiederum im Stereotyp niederschlägt[332].

Doch gerade außerhalb Bayerns verbindet man mit dem Bairischen auch negative
Eigenschaften, wobei „grob" und „behäbig" sowohl innerhalb als auch außerhalb
die Negativ-Liste anführen. Vor allem der Zusammenhang von „grob" und dem
bairischen Dialekt lässt sich leicht erklären:

> Fremde und auch viele Einheimische, die mundartlich-volkstümlicher
> Ausdrucksweise fernstehen, lehnen als Derbheit ab, was durchaus
> nicht immer als solche gemeint ist. Eine schier unendliche Reihe von
> (oft scherzhaften) Ausdrücken und Redensarten gäbe es zu nennen,
> nicht zuletzt auch das reichhaltige Register abfälligen Bezeichnungen
> und Schimpfwörtern, die der Außenstehende als grob, ja ordinär emp-
> findet, obwohl sie durchaus auch auf relativ sachlicher Ebene ge-
> braucht werden können.[333]

Als Beispiel bringt Zehetner die Szene aus Thomas Manns „Buddenbrooks", in
der Tony Buddenbrook ihren Münchner Gatten Permaneder aufgrund einer Belei-
digung verlässt. „Zweifellos wäre auch eine gestandene Münchnerin über die An-
rede *Sauluada dreggads* [...] nicht gerade erfreut gewesen, aber gar so tragisch

---

[331] Nußbeck: Schottenrock und Lederhose, 33.

[332] Etwas Ähnliches geschieht in den letzten Jahren mit dem irischen Stereotyp durch die
weltweite Popularität der Feierlichkeiten zum St.-Patricks-Day.

[333] Zehetner, Ludwig: Das bairische Dialektbuch, München 1985, 190.

hätte sie es wohl nicht genommen."[334] Aufgegriffen wird diese Seite des Stereotyps in bewusst negativ gestalteten Figuren in Fernsehen oder Film und vor allem im Bereich des Komischen. So ist der dümmliche, behäbige Bayer Hauptfigur vieler Witze:

> Zwei bayrische Bauern fahren mit dem Trecker eine Straße entlang. Plötzlich sehen sie einen Arm auf der Straße liegen. Sie gucken und fahren weiter. Nach einer Weile sehen sie noch einen Arm, dann ein Bein, noch ein Bein. Jedes Mal gucken sie sich das an und fahren dann weiter. Dann liegt ein Kopf auf der Straße. Sie halten an, steigen aus, gehen um den Kopf herum, gucken ihn sich ganz genau an. Mit einem Mal sagt der eine: „Mensch, das ist doch der Breitner-Bauer! Dem wird doch wohl nichts passiert sein?"

> Ein Berliner kommt zum Arzt: „Können sie mir ein wenig Gehirn wegschneiden? Ich möchte so dusselig sein, wie ein Ostfriese." – „Natürlich!", sagt der Arzt, obwohl er sich über den seltsamen Wunsch des Mannes wundert. Die Operation findet statt. Der Arzt steht vor dem Bett seines Patienten als dieser erwacht. Der Arzt sagt verlegen: „Entschuldigung. Uns ist etwas Furchtbares passiert. Wir haben aus Versehen etwas zu viel Gehirn weggeschnitten." – „Jo mei, dös macht do goar nix.", sagt der Patient.

Auch der Dialekt selbst ist oft Gegenstand des Witzes, dessen komische Komponente aus dem Verhältnis zwischen Hochsprache und Mundart resultiert. Gerade in Süddeutschland, wo Mundart und Hochsprache nebeneinander bestehen, wird mit Hilfe des Witzes die Überlegenheit der Hochsprache über den Dialekt nivelliert oder umgekehrt[335]. Leidtragender ist innerhalb dieser Witze derjenige, der des Dialekts nicht mächtig ist:

> Ein Feriengast fragt einen Einheimischen: „Entschuldigen Sie, wie heißt der Berg da vorn?" Der Bayer sieht sich um: „Woichana?" Der Tourist: „Herzlichen Dank."

> Ein Norddeutscher geht durch München und sieht einige Arbeiter, die sich auf der Straße zu schaffen machen. Er fragt einen Passanten: „Verzeihung, was machen die Leute da?" Dieser antwortet: „Rammadans." Der Preuße versteht natürlich nicht und fragt nun einen der Arbeiter

---

[334] Ebd., 189.

[335] Vgl. Niebaum/Macha: Einführung in die Dialektologie des Deutschen, 199f.

> und erhält als Antwort: „Rammadui." Da er auch dies nicht versteht,
> fragt der Preuße gezielt einen anderen Arbeiter. Der antwortet:
> „Rammadama." Der Norddeutsche geht weiter und denkt sich: „Kann
> man nichts machen. Sind eben Gastarbeiter. Alles Inder!"

Der Witz begründet sich hier in der Spannung des Traditionellen mit dem Fremden, die gerade in Bayern mit der Konstellation Bayern – Preußen besonders stark ist: „Angebliche Pauschalurteile, Aggressionen und Aversionen der Bayern gegenüber allem Nichteinheimischen konzentrieren sich in Witzen über die ‚Saupreißn'"[336]. Hier wird der Stereotyp des dummen Einheimischen durch kulturelle Überlegenheit im Hinblick auf die Sprache umgekehrt. Weitere klischeehafte Vorstellungen werden kaum tangiert, der Witz zieht das regionstypische nicht aus der Darstellung der Figuren sondern oft ausschließlich aus dem Dialekt.

Andere Dialekt-Witze zielen auf die verschiedenen deutschen Regionen ab. Diese resultieren nach Niebaum und Macha aus der Konkurrenz der Dialekte untereinander, in einer Zeit, in der keine übergreifende Standardsprache existierte[337]:

> Und am 8.Tag erschuf Gott die Dialekte. Alle Völkchen waren glücklich.
> Der Berliner sagte: „Icke hab nen wahnsinns Dialekt, wa?". Der Hanseat
> sagte: „Min Dialekt ist dufte, ne!". Der Kölner sagte: „Hey, du Jeck, mit
> Kölsch feiert man Karneval!". Der Hesse sagte: „Babbel net, die Hessa
> babbeln des beste Hochdeutsch!". Der Sachse sagte: „Ja nu freilisch is
> äs Sächsisch klosse!". Nur für den Bayern war kein Dialekt übrig. Da
> wurde der Bayer traurig... Irgendwann sagte dann Gott: „Scheiss di ned
> o, dann redst hoid wia i!".

Der Witz ist somit „wie jeder andere Text der Volksprosa, ein Kulturindikator"[338]. Besonders Dialekt-Witze leben von kulturellen Spannungen innerhalb eines Landes, dessen Bewohner trotz ihrer Verschiedenheit nach außen eine Einheit darstellen. Innerhalb Deutschlands als übergreifende Einheit können sich so die Bayern durch Dialekt-Witze bewusst positionieren und von anderen Regionen abgrenzen. Gleichzeitig werden positive wie negative Stereotype weitergegeben, je nach dem Umfeld und der Region, in dem die Witze erzählt oder abgedruckt werden.

In anderen Fällen ist der Dialekt nicht nur Gegenstand oder Hilfsmittel des Witzes, sondern generiert den komischen Aspekt einer Aussage. Auf der Internet-

---

[336] Röhrich, Lutz: Der Witz. Figuren, Formen, Funktionen, Stuttgart 1977, 259.
[337] Vgl. Niebaum/Macha: Einführung in die Dialektologie des Deutschen, 199.
[338] Röhrich: Der Witz, 31.

Plattform „youtube" sind seit einigen Jahren Dialektvideos sehr beliebt. Diese Videos zeigen Szenen aus bekannten Kinofilmen, die im Dialekt „synchronisiert" wurden[339]. Die Kenntnis des Originalfilms ist dabei oft Voraussetzung für den komischen Effekt, weshalb vor allem bekannte Kinofilme auf diese Weise neu-interpretiert werden. Je ernsthafter und bekannter dabei die Ausgangsszene umso lustiger die dialektale Variante[340]. Auch die Ausprägung des Dialekts spielt eine Rolle, so muss er klar erkennbar und möglichst derb sein, wodurch der Sprecher, in dem Fall die Film-Figur, weniger ernstzunehmend wirkt.

6.3 Zwischenfazit

Die Bayern selbst empfinden ihren Dialekt als direkt und herzlich. Wichtig sind dabei vor allem die Assoziationen, die über das Bairische zustande kommen. Mit ihrer Hilfe wird ein Stück Heimat erhalten, in dem Sinne, dass der Dialekt Tradition und Beständigkeit vermittelt, die im Alltag des modernen „Laptop und Lederhose"[341]-Bayern sonst nur noch zu besonderen Anlässen eine Rolle spielen. Auch die Werbung greift diese Vorstellung immer wieder auf, um damit die Ursprünglichkeit und Natürlichkeit der zu bewerbenden Produkte zu suggerieren. Durch bayerische Feste, allen voran das Münchner Oktoberfest, ist das bayerische Stereotyp auch außerhalb Bayerns (insbesondere im Ausland) durchaus positiv besetzt und wird so von allen Seiten, intern wie extern, aufrechterhalten.

In Bezug auf den Dialekt schwingt jedoch immer auch eine gewisse Ambivalenz mit, so ist das Bairische außerhalb Bayerns sowohl der beliebteste als auch einer der unbeliebtesten Dialekte – eine neutrale Einstellung scheint aufgrund seiner Popularität nicht möglich. Auch die Assoziationen mit dem bairischen Dialekt schwanken zwischen herzlich/familiär und dumm/grob.

Die negative Seite des Stereotyps, sowohl das der Bayern als auch das der „Preußen", schlägt sich vor allem in Witzen nieder. Hier ist der Dialekt immer ein Indikator für Dummheit – der Dumme ist allerdings wahlweise der, der ihn nicht beherrscht oder der, der ihn spricht. Überhaupt haftet dem Dialekt außerhalb der Region, in der er gesprochen wird, oft eine gewisse Komik an, was z.B. in Dialekt-Videos im Internet deutlich wird. Hier kommt es nicht darauf an, *was*, sondern

---

[339] Bsp.: YouTube: Bavarian Pulp Fiction, 2006 und YouTube: Terminator goes Bavaria, 2007.

[340] Vgl. SWR-Fernsehen: Bericht über „Internet-Spaßvideos" und deren Macher „dodokay", 2007.

[341] Der Slogan geht zurück auf den Niederbayern und ehemaligen Bundespräsidenten Roman Herzog, der damit auf eine Symbiose von Tradition und Moderne im Freistaat anspielte.

wie etwas gesagt wird. Die Komik ergibt sich dabei aus der Spannung zwischen einer ernsthaften Handlung und einem Dialekt, der sonst eher dem informellen Umfeld zugeordnet wird.

7 Zusammenfassung und Ausblick

Diese Arbeit hat sich mit den verschiedenen Aspekten des Bairischen und seinem Auftreten in der Welt außerhalb Bayerns beschäftigt. Insgesamt zeigt sich zunächst eine enge Bindung der Dialektsprecher an ihren Dialekt, der dabei nicht nur Mittel zum (Ausdrucks-)Zweck ist, sondern eine enge Verbundenheit zur eigenen Heimat und damit auch Identität schafft und transportiert. Dabei verstehen sich Bayern untereinander nicht nur akustisch besser, auch auf der Ebene der Sympathie sind durch den Dialekt bessere Voraussetzungen geschaffen als im Umgang mit Hochdeutsch-Sprechern. Diese wiederum räumen der bairischen Mundart ebenfalls einen hohen Stellenwert ein, durch die Vermittlung des bayerischen Lebensgefühls ist sie auch außerhalb Bayerns sehr beliebt. Assoziiert werden mit dem Bairischen dabei nicht nur positive Eigenschaften wie „Herzlichkeit" oder „Gemütlichkeit", sondern auch Landschaftsbilder wie Berge und Almwiesen, Trachten und Feste. Solche stereotypen Vorstellungen werden vor allem von der Werbeindustrie aufgegriffen, die ihre Produkte damit in den Kontext von Idylle, Tradition und Natur rückt. Auch die Medien spielen mit dieser Verbindung, gerade der moderne „Heimatkrimi" oder Serien wie „München 7" nutzen die Spannung der bayerischen Gemütlichkeit mit der eigentlichen Dramatik des Geschehens. Zeiten, in denen der Dialekt als hinterwäldlerisch und Ausdruck von Dummheit galt, scheinen wir dabei weitgehend hinter uns gelassen zu haben. In Bildung und Wissenschaft hat nach der Sprachbarrierendiskussion der 1970er Jahre ein Umdenken stattgefunden, Kinder mit dialektaler Erziehung werden nicht mehr als benachteiligt, sondern eher noch als bevorteilt betrachtet. So erlebten in Bayern nicht nur Tracht und Brauch eine Renaissance, sondern ebenso der Dialekt. Dieser ist jedoch einer ständigen Wandlung unterworfen, wobei in Bayern ein Trend weg vom kleinräumigen „Dorfdialekt" hin zu einer regionalen Umgangssprache zu beobachten ist, die von einer größeren Bevölkerungszahl verstanden und gesprochen wird. Oft führt dieser Umstand jedoch dazu, dass der mittelbairische Dialekt für ganz Bayern generalisiert wird. Jedoch haben auch die Franken, neben den Schwaben die Leidtragenden dieser Generalisierung, den bairischen Dialekt in der Umfrage überwiegend positiv bewertet und es ist kein signifikanter Unterschied zu anderen Befragten zu erkennen. Im Ausland ist die Verallgemeinerung des bayerischen Stereotyps noch wesentlich ausgeprägter, hier steht Bayern schon mal für ganz Deutschland.

Zusammenfassend kann also gesagt werden, dass das Mittelbairische sowohl innerhalb als auch außerhalb Bayerns mit überwiegend positiven Attributen verbunden wird. Der Dialektsprecher hat so – immer unter der Voraussetzung, dass auch die Standardsprache ausreichend gut beherrscht wird – vor allem, aber nicht nur, in der eigenen Heimatregion Vorteile im sozialen Leben gegenüber anderen. Der Dialekt überwindet Distanzen. Indem er zum einen die regionale Herkunft seines Sprechers zu erkennen gibt und zum anderen immer noch überwiegend im informellen Gespräch verwendet wird, schafft er Nähe zwischen den Gesprächspartnern. In einer Zeit, in der die eigene Herkunftsregion oft spätestens nach der Ausbildung verlassen wird, Flugreisen ins Ausland ihre Exklusivität verloren haben und sich die Städte durch global agierende Konzernketten weltweit immer ähnlicher werden, transportiert der Dialekt immer auch ein Stück Heimat und Spezifität. Er erfüllt die Funktion des Bewahrens und schafft gleichzeitig Exklusivität und Zusammengehörigkeit. Dialekt ist „Heimat to go".

Diese Funktion haben auch Werbeindustrie und Medien erkannt, Heimat und Regionalität erleben auch hier in den letzten Jahren einen regelrechten „Boom". In einer zunehmend globalisierten Welt ist der Dialekt so eine Art transportabler Rückzugsraum für die eigene, regionale Identität.

Interessant wäre noch, zu betrachten, welche Rolle der Dialekt für verschiedene soziale Gruppen spielt, beispielsweise eine Analyse getrennt nach Geschlechtern oder die Bedeutung der regionalen Mundart für Immigranten. Auch die Frage nach der Wirkung dialektaler Produktwerbung im Vergleich zu solcher in Hochsprache konnte aufgrund fehlender Studien zu diesem Thema nicht abschließend geklärt werden. Ein weiteres Desiderat besteht in der Frage nach der Bewertung anderer deutscher Dialekte durch Sprecher des Mittelbairischen, in dieser Arbeit konnte nur das Verhältnis vom eigenen Dialekt zur Standardsprache analysiert werden.

Der neue Trend zum Dialekt ist eingebettet in einen deutschlandweiten Trend „zurück zu den Wurzeln". Dieser entstand als Reaktion auf die wirtschaftlichen Expansionen in den 80er und 90er Jahre des vergangenen Jahrhunderts, in denen im Zusammenhang mit dem Begriff der Globalisierung alles Regionale, so auch der Dialekt, als rückständig und verstaubt angesehen wurde. Schlagworte wie „Klimawandel" und „Rohstoffverknappung" führten dann aber zu einer regelrechten „grünen Welle": Heute finden Bio-Lebensmittel reißenden Absatz, Niedrigenergie-Häuser werden gebaut und selbst der Strom ist „öko". In diesem Zusammenhang fällt auch die Rückbesinnung auf die eigene Herkunft, man kauft verstärkt Produkte aus der Region und auf Volksfesten wird wieder mit Begeisterung Tracht getragen – wenn auch oft als modische Variante.

Da dieser Trend jedoch noch in der Entwicklung begriffen ist, wird auch die Beliebtheit des Dialekts vorerst nicht abreißen. Allerdings ist hier eine Wandlung vom eigentlichen Dialekt hin zu einer großräumig gebräuchlichen, regional geprägten Umgangssprache zu erwarten, die in Teilen Bayerns schon seit längerem eingesetzt hat. Vereinzelt sind außerdem bereits Stimmen zu hören, die eine Herabstufung des Standarddeutschen zum Dialekt fürchten, da Kindern bereits im Vorschulalter Englisch als eigentliche Welt- und Bildungssprache beigebracht wird. Ob in dieser Szenerie schließlich die heutigen Dialekte oder das Hochdeutsche von der Bildfläche verschwinden würden, bleibt fraglich. Der vollständige Untergang des Dialekts wurde allerdings schon zu oft prophezeit und widerlegt, um in näherer Zukunft noch ernsthaft erwartet werden zu können.

8 Literaturverzeichnis

8.1 Quellen

Alwardt, Ines: „Käferzelt-Chinesisch". Sprachtrainer von „Dahoam is Dahoam", in: Süddeutsche.de 13.10.2008 http://www.sueddeutsche.de/bayern/sprachtrainer-von-dahoam-is-dahoam-kaeferzelt-chinesisch-1.522143 (Stand: 19.04.2012).

Bayerisches Fernsehen: Franz Xaver Bogner. Eine Erfolgsgeschichte ohne Ende, in: br.de 28.09.2011 http://www.br.de/fernsehen/bayerisches-fernsehen/sendungen/irgendwie-und-sowieso/irgendwie-sowieso-bogner100.html (Stand: 19.04.2012).

Bayerisches Wikipedia http://bar.wikipedia.org/wiki/Hauptseitn (Stand: 20.04.2012).

Blidschun, Claudia u.a. (Hrsg.): Lehrerhandreichung „Dialekt und...", Würzburg 2007ff.

Böhm, Christian: Verbrechen zahlt sich aus, in: Welt am Sonntag 23.01.2011 http://www.welt.de/print/wams/vermischtes/article12304307/Verbrechen-zahlt-sich-aus.html (Stand: 18.04.2012).

Boyes, Roger: Bayern – Deutschland in Reinkultur, in: Goethe Institut 09.2008 http://www.goethe.de/ins/gb/lp/prj/mtg/typ/bay/de3750106.htm (Stand: 21.04.2012).

Cornelius, Christine: Passauer Schule wird zur "Tschüss-freien Zone". Initiative gegen norddeutsche Grußformeln, in: Süddeutsche.de, 5.02.2012 http://www.sueddeutsche.de/bayern/initiative-gegen-norddeutsche-grussformeln-passauer-schule-wird-zur-tschuess-freien-zone-1.1275856 (Stand: 19.04.2012).

Cornelius, Christine: Bayerische Grußformeln. Passauer Schulleiterin verbannt "Tschüs", in: SchulSpiegel, 5.02.2012 http://www.spiegel.de/schulspiegel/0,1518,813418,00.html (Stand: 19.04.2012).

Da bin ich daheim: Petra – Die Verwaltungsangestellte, in Bayerisches Fernsehen 20.01.2012 http://www.br.de/import/audiovideo/da-bin-ich-daheim206.html (Stand: 19.04.2012).

Da bin ich daheim: Sandra – Die Bäckereifachangestellte, in Bayerisches Fernsehen 16.01.2012 http://www.br.de/fernsehen/bayerisches-fernsehen/sendungen/da-bin-ich-daheim/da-bin-ich-daheim108.html (Stand: 19.04.2012).

Da bin ich daheim: Adi – Der Land- und Forstwirt, in Bayerisches Fernsehen 26.01.2012 http://194.187.162.188/import/audiovideo/da-bin-ich-daheim396.html (Stand: 19.04.2012).

Daniel, Ellen: Mir san mir, don´t mess mit uns. Bayern für Ausländer, in: Focus Online 16.03.2009 http://www.focus.de/reisen/reisefuehrer/deutschland/tid-13653/bayern-fuer-auslaender-mir-san-mir-dont-mess-mit-uns_aid_380091.html (Stand: 21.04.2012).

Deutsche Zentrale für Tourismus e.V.: Incoming Tourismus Deutschland. Edition 2011 http://www.germany.travel/media/de/DZT_Incoming_GTM11_web.pdf (Stand: 21.04.2012).

[EH:] München 7 startet Mau, in: tz 8.03.2012 http://www.tz-online.de/aktuelles/fernsehen/muenchen-7-startet-mau-1755517.html (Stand: 19.04.2012).

Eichhoff, Jürgen: Wortatlas der deutschen Umgangssprachen, 4 Bde., Bern/München 1977-2000.

Extra 3: Abgehakt. Die Woche aus Sicht der Nachrichten, in: NDR 08.02.2012 http://www.youtube.com/watch?v=ruWQewXRoGo (Stand: 18.04.2012).

Falk, Rita: Winterkartoffelknödel. Ein Provinzkrimi, München 2010.

Gangloff, Tilmann: Lieb und teuer. Quote im Dritten, in: Frankfurter Rundschau 5.05.2010 http://www.fr-online.de/medien/quote-im-dritten-lieb-und-teuer,1473342,2700612.html (Stand: 19.04.2012).

Geiger, Raphael: Bloß nicht nach Niederbayern!, in: SchulSpiegel, 14.08.2009 http://www.spiegel.de/schulspiegel/wissen/0,1518,638568,00.html (Stand: 19.04.2012).

Grothmann, Oliver: Diese Schulleiterin verbietet „Tschüss" und „Hallo", in: Bild.de 5.02.2012 http://www.bild.de/regional/muenchen/schule/rektorin-verbietet-tschuess-und-hallo-22466984.bild.html (Stand: 19.04.2012).

Grzeschik, David: Quotencheck „Dahoam is Dahoam", in: quotenmeter.de 27.01.2012 http://www.quotenmeter.de/cms/?p1=n&p2=54621&p3= (Stand: 18.04.2012).

Hanns-Seidel-Stiftung e.V. (Hrsg.): Generationenstudie 2009. Heimatgefühl und Leben in Bayern, München 2009 http://www.hss.de/uploads/tx_ddceventsbrowser/Generationenstudie-2009.pdf (Stand: 21.04.2012).

Institut für Demoskopie Allensbach: Allensbacher Berichte, Nr.4 2008 http://www.ifd-allensbach.de/uploads/tx_reportsndocs/prd_0804.pdf (Stand 17.04.2012).

Internetauftritt der ARD-Serie „München 7" http://www.daserste.de/unterhaltung/serie/heiter-bis-toedlich-muenchen-7/index.html (Stand: 19.04.2012).

Internetauftritt der Fernsehserie "Dahoam is Dahoam" des Bayerischen Rundfunks http://www.br.de/fernsehen/bayerisches-fernsehen/sendungen/dahoam-is-dahoam/index.html (Stand: 18.04.2012).

Internetauftritt des Films „Eine ganz heiße Nummer" http://www.eineganzheissenummer.de/

Internetauftritt des Films „Wer früher stirbt ist länger tot" http://www.werfrueher-stirbt-ist-laenger-tot.de/

Internetauftritt des Hörfunksenders „Antenne Bayern" http://www.antenne.de/antenne/home/home/index2.php (Stand: 20.04.2012).

Internetauftritt des Hörfunksenders „Bayern 3" http://www.br.de/radio/bayern3/index.html (Stand: 20.04.2012).

Internetauftritt der Kommission für Mundartforschung an der Bayerischen Akademie der Wissenschaften http://www.bwb.badw.de/ (Stand: 27.04.2012).

Internetauftritt der „Sommerakademie für bairisches Volksschauspiel" http://www.bairisches-volksschauspiel.de/ubersicht.html (Stand: 20.04.2012).

Internetauftritt der Werbeagentur Grüber, Frankfurt am Main http://www.grueberwa.de/_blog/Newsletter_Archiv/post/So_wird_Ihre_Werbung_im_Radio_erfolgreich!/ (Stand: 20.04.2012).

Interview mit Marcus H. Rosenmüller: Man muss sich bekennen, in: Der Spiegel, Jg.2012, H.1, 101.

[IW:] „So redet doch kaum ein Bayer mehr!". Münchner Dialektforscher ist sauer über die Kritik an der BR-Serie „Dahoam", in: tz 3.12.2007.

[IW:] Wie bairisch redet man dahoam? Dialektpfleger werfen der BR-Seifenoper „ärgerliche Sprachfehler" vor, in: tz 1.12.2007.

Jordan, Frank: "Tschüss"-Sagen verboten?, in: BR Abendschau 6.02.2012 http://www.br.de/fernsehen/bayerisches-fernsehen/sendungen/abendschau/tschuess-schule-benehmen100.html (Stand: 19.04.2012).

Köcher, Renate/ Raffelhüschen, Bernd: Glücksatlas Deutschland 2011 http://www.gluecksatlas.de/cms/index.html (Stand: 18.04.2012)

Kratzer, Hans: Hallo, Pfiati – und Tschüss, in: Süddeutsche.de, 7.02.2012 http://www.sueddeutsche.de/bayern/sprache-und-dialekt-hallo-pfiati-und-tschuess-1.1277342 (Stand: 19.04.2012).

Kratzer, Hans: Wo´s mi showern doud, in: Süddeutsche Zeitung 15.04.2008 http://www.sueddeutsche.de/bayern/sprachforschung-wos-mi-showern-doud-1.200856 (Stand: 18.04.2012).

Kratzer, Hans: Dialekt macht schlau, in: Süddeutsche Zeitung, 18.07.2005 http://www.sueddeutsche.de/wissen/studie-dialekt-macht-schlau-1.912547 (Stand: 19.04.2012).

Levecke, Bettina: „Geben Sie Ihren Dialekt an die Kinder weiter!", in: Goethe-Institut 05.2006. http://www.goethe.de/ges/spa/sui/de1401743.htm (Stand: 18.04.2012).

Luther, Martin: Colloquia oder Tischreden, Frankfurt am Main 1593.

Maurer, Jörg: Niedertracht. Alpenkrimi, Frankfurt am Main 2011.

Meisenberger, Raimund: Eine ganz heiße Erfolgs-Nummer, in: Passauer Neue Presse 28.12.2011 http://www.pnp.de/nachrichten/heute_in_ihrer_tageszeitung/kultur/305454_Eine-ganz-heisse-Erfolgs-Nummer.html (Stand: 20.04.2012).

Mitzka, Walther/Schmitt, Ludwig Erich (1951ff.): Deutscher Wortatlas (DWA), 22 Bde., Gießen 1956-1980.

Morawetz, Thomas u.a. (Projektgruppe): Fakten aus der Bayernstudie, in: Gruber, Thomas (Hrsg.): Ansichtssache Bayern. Annäherungen an eine Heimat, München 2010, 12-30; 49-59; 94-102; 135-153.

Mühleisen, Stefan: „Bairisch ist förderlich für Kinder", in: Merkur-online 27.03.2010

www.merkur-online.de/nachrichten/bayern/bairisch-foerderlich-kinder-692458.html (Stand: 29.04.2012).

Müller, Lothar: Mer lischt! Dialekt in der Literatur, in Süddeutsche.de 12.11.2010 http://www.sueddeutsche.de/kultur/dialekt-in-der-literatur-mer-lischt-1.1023296 (Stand: 20.04.2012).

Nawratil, Ute: Bayerntypologie – Versuch einer Artenbestimmung, in: Gruber, Thomas (Hrsg.): Ansichtssache Bayern. Annäherungen an eine Heimat, München 2010, 31-44.

Oberloher, Susanne: Host mi? - Bairisch kommt wieder in Mode, in: Notizbuch „Nah dran", Bayern 2 8.03.2012. http://www.br-online.de/podcast/notizbuch-nah-dran/cast.xml (Stand: 18.04.2012).

Renn, Manfred/König, Werner: Kleiner Bayerischer Sprachatlas. Mit 127 Abbildungen in Farbe, München ³2009.

Riedner, Fabian: „München 7" startet schlecht, Thomas Gottschalk mit neuem Tief, in: quotenmeter.de 8.03.2012 http://www.quotenmeter.de/cms/?p1=n&p2=55406&p3= (Stand: 10.04.2012).

Rüdenauer, Siegfried: Der Kampf gegen Wildbiesler geht weiter, in: Landshuter Zeitung 12.03.2012 http://www.idowa.de/landshuter-zeitung/container/container/con/991260.html (Stand: 20.04.2012).

Saar, Brigitte: Bei SMS ist Bayerisch Kult. Kurz-Nachrichten bescheren dem

Dialekt ein Comeback, in: ZDF heute 2.07.2008 http://www.dphv.de/fileadmin/user_upload/news/infothek/2008/SMS_bayerisch_ZDF_02072008.pdf (Stand: 20.04.2012).

Schäfer, Albert: Hallo ist grußlig, in: Frankfurter Allgemeine Zeitung 7.02.2012.

Schmeller, Andreas: Bayerisches Wörterbuch, 2. Auflage 1872 und 1877 (Digitalisat) http://www.bayerische-landesbibliothek-online.de/schmeller (Stand: 18.04.2012).

Schmidhuber, Judith: Dialekt-Pflege im weltweiten Netz, in: Chiemsee Nachrichten 22.04.2008 http://www.chiemsee-nachrichten.de/zet_report_428_34438_0.html (Stand: 20.04.2012).

Schmidt, Jürgen Erich/Herrgen, Joachim (Hrsg.): Digitaler Wenker-Atlas (DiWA).

Erste vollständige Ausgabe von Georg Wenkers "Sprachatlas des Deutschen Reichs", 1888–1923 handgezeichnet von Emil Maurmann, Georg Wenker und Ferdinand Wrede.

Marburg: Forschungszentrum Deutscher Sprachatlas, 2001-2009 http://www.3.diwa.info/titel.aspx (Stand: 18.04.2012).

Sedlmeier, Bettina: Heiße Diskussion zur "Hallo und Tschüss-freien Schule", in: Passauer Neue Presse 9.02.2012 http://www.pnp.de/nachrichten/bayern/339191_Heisse-Diskussion-zur-Hallo-und-Tschuessfreien-Schule.html (Stand: 19.04.2012).

Sick, Bastian: In München sagt man „Ciao!". Zwiebelfisch, in: Spiegel Online, 8.02.2012 http://www.spiegel.de/kultur/gesellschaft/0,1518,814024,00.html (Stand: 19.04.2012).

Spiegel-Bestsellerliste Belletristik/Taschenbuch 13/2012 http://www.lehmanns.de/listing/1273-spiegel-bestseller-belletristik-taschenbuch-nr-13-2012 (Stand: 20.04.2012).

Staatsinstitut für Schulqualität und Bildungsforschung (Hrsg.): Dialekte in Bayern. Handreichung für den Unterricht, München 2006 http://www.isb.bayern.de/isb/index.asp?MNav=0&QNav=5&TNav=1&INav=0&Pub=749 (Stand: 19.04.2012).

Staatsinstitut für Schulqualität und Bildungsforschung: Lehrplan Gymnasium G8, Jgst. 8, München 2004 http://www.isb-gym8-lehrplan.de/contentserv/3.1.neu/g8.de/data/media/26418/Lehrplaene/Jgst_8.pdf (Stand: 19.04.2012).

Staatsinstitut für Schulqualität und Bildungsforschung: Grundschullehrplan Jgst. 1-2, München 2000 http://www.isb.bayern.de/isb/index.asp?MNav=3&QNav=4&TNav=1&INav=0&Fach=12&Fach2=&LpSta=6&STyp=1&Lp=461 (Stand: 19.04.2012).

Staatsinstitut für Schulqualität und Bildungsforschung: Grundschullehrplan Jgst. 3, München 2000 http://www.isb.bayern.de/isb/index.asp?MNav=3&QNav=4&TNav=1&INav=0&Fach=12&Fach2=& LpSta=6&STyp=1&Lp=462 (Stand: 19.04.2012).

Staatsinstitut für Schulqualität und Bildungsforschung: Grundschullehrplan Jgst. 4, München 2000 http://www.isb.bayern.de/isb/index.asp?MNav=3&QNav=4&TNav=1&INav=0&Fach=12&Fach2=& LpSta=6&STyp=1&Lp=463 (Stand: 19.04.2012).

Staatsinstitut für Schulqualität und Bildungsforschung: Rahmenpläne Gymnasium G9, München 1990 http://www.isb.bayern.de/isb/download.aspx?DownloadFileID=ee042b38904e611bf5e0601ce51e36db (Stand: 19.04.2012).

Stolz, Matthias: Die neue Dialektik. Warum sich die Deutschen heute nicht mehr für ihre Mundarten schämen, in: Zeit Online 19.06.2008 http://www.zeit.de/2008/26/Dialekte-26 (Stand: 20.04.2012).

SWR-Fernsehen: Bericht über „Internet-Spaßvideos" und deren Macher „dodokay", 2007 http://www.youtube.com/watch?gl=DE&hl=de&v=1sxbFxAySbc (Stand: 21.04.2012).

Vahabzadeh, Susan: Dialekt im Film: Die neue Heimat, in: Goethe Institut 6.01.2012 http://www.goethe.de/uun/bdu/de8629160.htm (Stand: 19.04.2012).

Werbespot (TV) Bergader: Bergader Almkäse, 2008 http://www.youtube.com/watch?v=9c6ScbsZ2uw (Stand: 20.04.2012).

Werbespot (TV) Ehrmann: Der Urige, 2010 http://www.youtube.com/watch?v=w_88FzDdgVc (Stand: 21.04.2012).

Werbespot (TV) Erdinger Weißbräu: TV-Spot mit Franz Beckenbauer, 2008 http://www.youtube.com/watch?v=tt7TjzoL5SI (Stand: 20.04.2012).

Werbespot (TV) ING-DiBa: Dirk Nowitzki in der Metzgerei, 2011 http://www.youtube.com/watch?v=UUt59ka6MP4 (Stand: 18.04.2012).

Werbespot (Radio) Autocenter Neuss: „Des gibt's ois beim NEUSS", 2012.

Werbespot (Radio) WEKO: Küchen, 2011 http://87.230.15.15/fileadmin/flash/radioplayer.html

Werbespot (Radio) Weltenburger: Weißbier, 2007 http://www.weltenburger.de/radiospots_imagefilm.htm (Stand: 20.04.2012).

Wikipedia Statistik-Seite wikistics http://wikistics.falsikon.de/latest/searches.htm (Stand: 20.04.2012).

Wolff, Verena: Kritik an „Tschüss-Verbot" an Passauer Schule. „Dann muss man ‚Servus' auch verbieten", in: Süddeutsche.de 06.02.2012 http://www.sueddeutsche.de/bildung/kritik-an-tschuess-verbot-in-passauer-schule-dann-muss-man-servus-auch-verbieten-1.1276886 (Stand: 18.04.2012).

YouTube: Bavarian Pulp Fiction, 2006 http://www.youtube.com/watch?v=OIownZWFwN8 (Stand: 21.04.2012).

YouTube: Terminator goes Bavaria, 2007 http://www.youtube.com/watch?v=GFaOHOSqZYQ&feature=fvwrel (Stand: 21.04.2012).

ZDF Mittagsmagazin: Jörg Maurer und seine Alpenkrimis, 23.02.2012 http://www.zdf.de/ZDFmediathek/beitrag/video/1576770/Joerg-Maurer-und-seine-Alpenkrimis#/beitrag/video/1576770/Joerg-Maurer-und-seine-Alpenkrimis (Stand: 20.04.2012).

[o.Verf.] Bloß kein Regio-Krimi!, in: Krimi-Couch.de 04.2012 http://www.krimi-couch.de/krimis/krimis-aus-deutschland.html (Stand: 18.04.2012).

[o. Verf.]: Die TV-Programme. Bayern im Bilde, in: br.de 17.05.2010 http://www.br.de/unternehmen/inhalt/organisation/senderfamilie-bayerischer-rundfunk-fernsehen100.html (Stand: 19.04.2012).

[o. Verf.]: Deutschunterricht. Schlauer durch Dialekt, in: SchulSpiegel 2.01.2006 http://www.spiegel.de/schulspiegel/0,1518,392865,00.html (Stand: 19.04.2012).

[o. Verf.]: Erzieherischer Effekt, in: Merkur-online 12.06.2008 http://www.merkur-online.de/nachrichten/kultur/erzieherischer-effekt-288453.html (Stand: 19.04.2012).

[o. Verf.]: Passau: Schule verbannt 'Hallo' und 'Tschüss', in: RTL Aktuell 6.02.2012 http://www.rtl.de/cms/news/rtl-aktuell/passau-schule-ver-bannt-hallo-und-tschuess-1ebf3-51ca-18-1016032.html (Stand: 19.04.2012).

[o. Verf.]: „Tschüss"-Verbot regt Eltern auf! Das denken die BILD-Leser über den Vorstoß einer Schulleiterin, in BILD.de 6.02.2012. http://www.bild.de/regional/muenchen/muenchen/das-sagen-die-el-tern-zum-tschuess-und-hallo-verbot-22487938.bild.html (Stand: 19.04.2012).

[o. Verf.]: Das „Wer früher stirbt, ist länger tot"-Phänomen, in: Inside Kino 2008 http://www.insidekino.de/Y/WFSILT.htm (Stand: 20.04.2012).

8.2 Sekundärliteratur

Ammon, Ulrich: Dialekt, soziale Ungleichheit und Schule, Weinheim ²1973.

Bausinger, Hermann: Dialekt als Unterrichtsgegenstand, in: Kremer, Ludger (Hrsg.): Niederdeutsch in der Schule. Beiträge zur regionalen Zweisprachigkeit, Münster 1989, 98-110.

Bausinger, Hermann: Heimat und Identität, in: Bausinger, Hermann/Köstlin, Konrad (Hrsg.): Heimat und Identität. Probleme regionaler Kultur. 22. Deutscher Volkskunde-Kongress in Kiel vom 16. bis 21. Juni 1979. (= Studien zur Volkskunde und Kulturgeschichte Schleswig-Holsteins, 7), Neumünster 1980, 9-24.

Benckiser, Nikolas: Dialekt und Hochdeutsch. Hilfen für Lehrer, in: Frankfurter Allgemeine Zeitung 07.07.1978, 23.

Berlinger, Joseph: Dialektologen als Dialektideologen, in: Greule, Albrecht/Hochholzer, Rupert/Wildfeuer, Alfred (Hrsg.): Die bairische Sprache. Studien zu ihrer Geographie, Grammatik, Lexik und Pragmatik. Festschrift für Ludwig Zehetner, Regensburg 2004, 195-200.

Bernstein, Basil: Class, Codes and Control. Theoretical studies towards a sociology of language, London 1977.

Besch, Werner: Entstehung und Ausprägung der binnensprachlichen Diglossie im Deutschen, in: Besch, Werner u.a. (Hrsg.): Dialektologie. Ein Handbuch zur deutschen und allgemeinen Dialektforschung, Bd. 2, Berlin/New York 1983, 1399-1411.

Eßer, Paul: Dialekt und Identität. Diglottale Sozialisation und Identitätsbildung, Frankfurt am Main 1983.

Ferstl, Christian: Dialektgebrauch und Dialektliteratur im Deutschunterricht der gymnasialen Mittelstufe, in: Ders. (Hrsg.): „Dem Dorfschullehrer sein neues Latein …". Beiträge zu Stellenwert und Bedeutung des Dialekts in Erziehung, Unterricht und Wissenschaft (Jahrbuch der Johann-Andreas-Schmeller-Gesellschaft), Regensburg 2009, 115-156.

Ferstl, Christian (Hrsg.): „Dem Dorfschullehrer sein neues Latein …". Beiträge zu Stellenwert und Bedeutung des Dialekts in Erziehung, Unterricht und Wissenschaft (Jahrbuch der Johann-Andreas-Schmeller-Gesellschaft), Regensburg 2009.

Fiedler, Klaus/Bless, Heribert: Soziale Kognition, in: Stroebe, Wolfgang/Jonas, Klaus/Hewstone, Miles (Hrsg.): Sozialpsychologie. Eine Einführung, Berlin/Heidelberg/New York [4]2003, 125-164.

Greverus, Ina-Maria: Der territoriale Mensch. Ein literaturanthropologischer Versuch zum Heimatphänomen, Frankfurt am Main 1972.

Assmann Aleida: Zum Problem der Identität aus kulturwissenschaftlicher Sicht, in: Lindner Rolf (Hrsg.): Die Wiederkehr des Regionalen. Über neue Formen kultureller Identität, Frankfurt am Main 1994.

Gruber, Thomas: Bietet der Bayerische Rundfunk eine mediale Heimat? in: Ders. (Hrsg.): Ansichtssache Bayern. Annäherungen an eine Heimat, München 2010, 169-173.

Gruber, Thomas: Ansichtssache Bayern. Annäherungen an eine Heimat, München 2010.

Hahn, Hans Henning: Einleitung. 12 Thesen zur Stereotypenforschung, in: Hoffmann, Johannes: Stereotypen, Vorurteile, Völkerbilder in Ost und West in Wissenschaft und Unterricht. Eine Bibliographie, Bd. 2, Wiesbaden 2008.

Herder, Johann Gottfried: Briefe, den Charakter der Deutschen Sprache betreffend,   in: Ders.: Adrastea, 6. Bd., Leipzig 1803, 209-212.

Herz, Dieter: Mundart in der Zeitung. Möglichkeiten nicht-hochsprachlicher Beiträge in der Tagespresse, Tübingen 1983.

Hildebrand, Rudolf: Vom deutschen Sprachunterricht in der Schule und von deutscher Erziehung und Bildung überhaupt, Bad Heilbrunn [27]1962.

Hirsch, Stefan: 100 Jahre Heimat – Von Seelenlandschaften und Ortsbildern, in: Gruber, Thomas: Ansichtssache Bayern. Annäherungen an eine Heimat, München 2010, 103-109.

Hochholzer, Rupert: Sprache und Dialekt in Bayern. Grundbegriffe und Entwicklungslinien, in: Staatsinstitut für Schulqualität und Bildungsforschung (Hrsg.): Dialekte in Bayern. Handreichung für den Unterricht, München 2006, 60-75.

Hochholzer, Rupert: Dialekt und Schule. Vom Nutzen der Mehrsprachigkeit, in: Staatsinstitut für Schulqualität und Bildungsforschung (Hrsg.): Dialekte in Bayern. Handreichung für den Unterricht, München 2006, 76-83.

Hochholzer, Rupert: Konfliktfeld Dialekt. Das Verhältnis von Deutschlehrerinnen und Deutschlehrern zu Sprache und ihren regionalen Varietäten, Regensburg 2004.

Hochholzer, Rupert: Einstellungen zu Dialekt und Konzeption von Sprache bei Deutschlehrerinnen und Deutschlehrern, in: Heimatkundlicher Arbeitskreis e.V. (Hrsg.): Oberviechtacher Heimatkundliche Beiträge, Bd. 6, Oberviechtach 2003, 95-105.

Hutterer, Claus Jürgen: Sprachinselforschung als Prüfstand für dialektologische Arbeitsprinzipien, in: Besch, Werner u.a. (Hrsg.): Dialektologie. Ein Handbuch zur deutschen und allgemeinen Dialektforschung, Bd. 1, Berlin/New York 1982, 178-189.

Janich, Nina: Werbesprache. Ein Arbeitsbuch, Tübingen [2]2001.

Kanz, Ulrich: Dialekt und Lehrplan. Ein Überblick, in: Staatsinstitut für Schulqualität und Bildungsforschung (Hrsg.): Dialekte in Bayern. Handreichung für den Unterricht, München 2006, 84-88.

Klauer, Karl Christoph: Soziale Kategorisierung und Stereotypisierung, in: Petersen, Lars-Eric/Six, Bernd (Hrsg.): Stereotype, Vorurteile und soziale Diskriminierung. Theorien, Befunde und Interventionen, Weinheim/Basel 2008, 23-32.

Knoop, Ulrich: Zur Geschichte der Dialektologie des Deutschen. Forschungsrichtungen und Forschungsschwerpunkte, in: Besch, Werner u.a. (Hrsg.): Dialektologie. Ein Handbuch zur deutschen und allgemeinen Dialektforschung, Bd. 1, Berlin/New York 1982, 1-19.

König, Werner: dtv-Atlas Deutsche Sprache. Deutscher Taschenbuchverlag, München [15]2005.

Lippmann, Walter: Public Opinion, Long Island 1921, in: Projekt Gutenberg http://www.gutenberg.org/cache/epub/6456/pg6456.html (Stand: 20.04.2012).

Matzel, Klaus: Der Untergang deutscher Sprachinseln in Norditalien (Sette comuni e Tredeci comuni), in: Beck, Heinrich (Hrsg.): Germanische Rest- und Trümmersprachen, Berlin 1989, 69-86.

Meiser, Thorsten: Illusorische Korrelation, in: Petersen, Lars-Eric/Six, Bernd (Hrsg.): Stereotype, Vorurteile und soziale Diskriminierung. Theorien, Befunde und Interventionen, Weinheim/Basel 2008, 53-61.

Müller, Eggo: Performativ, transformativ, interaktiv. Fernsehen als Dienstleistungsagentur im digitalen Medienensemble, in: Braidt, Andrea u.a. (Hrsg.): Montage AV. Zeitschrift für Theorie und Geschichte audiovisueller Kommunikation, Jg.14, H.1, Marburg 2005, 136-154.

Müller, Emilia: 37. Bayerischer Nordgautag unter dem Leitthema „Stiftland – Egerland - Kulturland", in: Ferstl, Christian (Hrsg.): „Dem Dorfschullehrer sein neues Latein ...". Beiträge zu Stellenwert und Bedeutung des Dialekts in Erziehung, Unterricht und Wissenschaft (Jahrbuch der Johann-Andreas-Schmeller-Gesellschaft), Regensburg 2009, 11-12.

Niebaum, Hermann/Macha, Jürgen: Einführung in die Dialektologie des Deutschen, Tübingen [2]2006.

Niebaum, Hermann: Einführung in die Dialektologie des Deutschen, Tübingen 1983.

Nußbeck, Ulrich: Schottenrock und Lederhose. Europäische Nachbarn in Symbolen und Klischees, Berlin 1994.

Oevermann, Ulrich: Sprache und soziale Herkunft. Ein Beitrag zur Analyse schichtenspezifischer Sozialisationsprozesse und ihrer Bedeutung für den Schulerfolg, in: Max-Planck-Institut für Bildungsforschung: Studien und Berichte 18, Berlin 1970 http://edoc.mpg.de/236780 (Stand: 19.04.2012).

Petersen, Lars-Eric/Six, Bernd: Vorwort, in: Dies. (Hrsg.): Stereotype, Vorurteile und soziale Diskriminierung. Theorien, Befunde und Interventionen, Weinheim/Basel 2008, 17-22.

Polenz, Peter von: Deutsche Sprachgeschichte vom Spätmittelalter bis in die Gegenwart, Bd. 3, Berlin 1999.

Prinz, Friedrich: Der Weißwurstäquator, in: François, Etienne/Schulze, Hagen (Hrsg.): Deutsche Erinnerungsorte, Bd.1, München 2001, 471-483.

Reindel, Kurt: Die Herkunft der Bayern, in: Spindler, Max (Hrsg.): Handbuch der bayerischen Geschichte, Bd. 1, München ²1981, 101-116.

Röhrich, Lutz: Der Witz. Figuren, Formen, Funktionen, Stuttgart 1977.

Schießl, Ludwig: Dialekt und Schule am Beginn des 21. Jahrhunderts. Anspruch und Wirklichkeit unter dem Aspekt neuerer wissenschaftlicher Erkenntnisse, in: Ferstl, Christian (Hrsg.): „Dem Dorfschullehrer sein neues Latein ...". Beiträge zu Stellenwert und Bedeutung des Dialekts in Erziehung, Unterricht und Wissenschaft (Jahrbuch der Johann-Andreas-Schmeller-Gesellschaft), Regensburg 2009, S. 32 - 48.

Schneider, Herbert: Wohnort – Gemeinde – Landkreis. Einige empirische Befunde, in: Weigelt, Klaus (Hrsg.): Heimat. Tradition. Geschichtsbewußtsein, Mainz 1986, 57-77.

Schumann, Andreas: Heimat denken. Regionales Bewusstsein in der deutschsprachigen Literatur zwischen 1815 und 1914, Köln 2002.

Siebenhaar, Beat: Regionale Variation in deutschen, österreichischen und Schweizer Charäumen, in: Schlobinski, Peter (Hrsg.): Von *hdl* bis *cul8r*. Sprache und Kommunikation in den Neuen Medien, Mannheim 2006, 133-147.

Socin, Adolf: Schriftsprache und Dialekte im Deutschen nach Zeugnissen alter und neuer Zeit, Heilbronn 1888.

Spranger, Matthias: Dialektfreie Mundart. Die Rolle von Regionalsprache im heutigen Hörfunk. Einleitungsreferat zu den Zonser Regionalen Hörspieltagen 2005, Zons 2005.

106

Straßner, Erich: Rolle und Ausmaß dialektalen Sprachgebrauchs in den Massenmedien und in der Werbung, in: Besch, Werner u.a. (Hrsg.): Dialektologie. Ein Handbuch zur deutschen und allgemeinen Dialektforschung, Bd. 2, Berlin/New York 1983, 1509-1525.

Wiesinger, Peter: „Sprache", „Dialekt" und „Mundart" als sachliches und terminologisches Problem, in: Göschel, Joachim/Ivic, Pavle/Kehr, Kurt (Hrsg.): Dialekt und Dialektologie. Ergebnisse des internationalen Symposiums „Zur Theorie des Dialekts", Marburg/Lahn, 5.-10. September 1977. Wiesbaden 1980 (=ZDL, Beihefte N.F. 26), 177-194.

Weber-Kellermann, Ingeborg/Bimmer, Andreas C./Becker, Siegfried: Einführung in die Volkskunde/Europäische Ethnologie. Eine Wissenschaftsgeschichte, Stuttgart/Weimar ³2003.

Wegera, Klaus-Peter: Probleme des Dialektsprechers beim Erwerb der deutschen Standardsprache, in: Besch, Werner u.a. (Hrsg.): Dialektologie. Ein Handbuch zur deutschen und allgemeinen Dialektforschung, Bd. 2, Berlin/New York 1983, 1474-1492.

Wiesinger, Peter: Die Einteilung der deutschen Dialekte, in: Besch, Werner u.a. (Hrsg.): Dialektologie. Ein Handbuch zur deutschen und allgemeinen Dialektforschung, Bd. 2, Berlin/New York 1983, 807-900.

Wildfeuer, Alfred: Mehrsprachigkeit und Deutschunterricht - Die Entwicklung von Sprachaufmerksamkeit und Sprachverwendungskompetenz als Lehr- und Lernziele, in: Ferstl, Christian (Hrsg.): „Dem Dorfschullehrer sein neues Latein …". Beiträge zu Stellenwert und Bedeutung des Dialekts in Erziehung, Unterricht und Wissenschaft (Jahrbuch der Johann-Andreas-Schmeller-Gesellschaft), Regensburg 2009, 60-78.

Wittmann, Reinhard: Sprach-Heimat und Heimat-Sprache. Glanz und Gefährdung der Mundart in Bayern, in: Bayerischer Verein für Heimatpflege e.V. (Hrsg.): Schönere Heimat. Erbe und Auftrag, Jg.94, H.3, München 2005.

Wittmann, Reinhard: Dialekt und Medien, in: Heimatkundlicher Arbeitskreis e.V. (Hrsg.): Oberviechtacher Heimatkundliche Beiträge, Bd. 6, Oberviechtach 2003, 107-120.

Zehetner, Ludwig: Das bairische Dialektbuch, München 1985.